KUHARSKA KNJIGA ZA HITRO REŠITEV ENOLOČNIKOV

100 preprostih receptov za okusno udobno hrano

Irena Turk

Avtorski material ©2024

Vse pravice pridržane

Nobenega dela te knjige ni dovoljeno uporabljati ali prenašati v kakršni koli obliki ali na kakršen koli način brez ustreznega pisnega soglasja založnika in lastnika avtorskih pravic, razen kratkih citatov, uporabljenih v recenziji. Ta knjiga se ne sme obravnavati kot nadomestilo za zdravniški, pravni ali drug strokovni nasvet.

KAZALO

KAZALO 3
UVOD 6
JAJČNE ONEČNICE 7
1. Špargli – Angleška peka za mafine 8
2. Pečeni buritosi za zajtrk 10
3. Pizza z umešanimi jajci in šunko 12
4. Enolončnica s slanino in jajci 14
5. Sausage–Hash Rjava pečenka za zajtrk 16
6. Jugozahodna jajca 18
7. Enolončnica iz ovsenih kosmičev s češnjami in jagodami ... 20
8. Omlet Brunch 22
9. Crescent, Hash Rjav in klobasa 24
10. Francoski toast z rozinami 26
11. Špinačna fritaja 28
12. Švicarska enolončnica s klobasami 30
13. Cimetova enolončnica z rozinami 32
14. Peka rogljičkov iz jabolčnega ocvrtka 34
15. Borovničev francoski toast Pečemo 36
16. Osnovna enolončnica s francoskim toastom 38

PERUTNINČKE ONEČNICE 40
17. Brokolijeva piščančja enolončnica 41
18. Indijski piščanec 43
19. Sirast Piščanec 45
20. Tortilja Enchilada 47
21. Piščančja enolončnica iz koruznega kruha 49
22. Družinam prijazne piščančje enchilade 51
23. Fiesta piščančja enolončnica 53
24. Sladka limonina piščančja enolončnica 55
25. Mango piščančja enolončnica 57
26. Makova enolončnica 59
27. Piščančja enolončnica z ananasom 61
28. Jugozahodni piščančji zvitki 63
29. Švicarski piščanec 65
30. Puran in krompirjeva pečenka 67
31. piščanec teriyaki 69
32. Divji riž in piščanec 71
33. Piščančja enolončnica z baziliko 73
34. Po zahvalnem dnevu 75

35. Turčija Tortilla enolončnica 77
36. Turketti 79
37. Nadev in puranja enolončnica 81
38. Turčija Divan 83
ZELENJAVNE ENOLOČNICE 85
39. Enolončnica s špargLJI 86
40. Krhka zelenjavna enolončnica 88
41. Krompirjeva enolončnica z mocarelo 90
42. Kremna špinačna enolončnica 92
43. Mehiška pica enolončnica 94
44. Sladka čebulna enolončnica 96
45. Vegi pastirska pita 98
46. Enolončnica z zelenjavnim nadevom 100
47. Pečene bučke s sirom 102
ENOLOČNICE IZ STROČNIC IN FIŽOLA 104
48. Zložena tortilja pita iz črnega fižola 105
49. enolončnica iz stročjega fižola 107
50. Indiana Ljubitelj koruzeEnolončnica 109
51. Hominy Enolončnica 111
ENOLOČNICE Z RIŽEM IN REZANCI 113
52. Pudingova enolončnica z rezanci 114
53. Cod Pasta Enolončnica 116
54. Turčija enolončnica z rezanci 119
55. Enolončnica s testeninami z morskimi sadeži 121
56. Enolončnica z rižem in zelenim čilijem 123
57. Enolončnica z ribami in sirom 125
58. Peka Rotini 127
59. Enolončnica s čedar šunko in rezanci 129
60. Italijanska pečenka iz makaronov 131
61. Pečeni ravioli Alfredo 133
SVINJSKE ENOLOČNICE 135
62. Špageti s klobasami 136
63. Peka za pico s kanadsko slanino 138
64. Lonec iz brokolija in šunke 140
65. Chicago-Style Pizza Enolončnica 142
66. Podeželski brokoli, sir in šunka 144
67. Svinjski kotleti s švicarskim sirom 146
68. Hash Rjav Nebesa 148
69. Jambalaya 150
70. Pomarančni riž in svinjski kotleti 152
71. Pepperoni s klobasami 154
GOVEJE ONLOČNICE 156
72. Goveji lonček 157

73. Koruzni kruh na čiliju 159
74. Enchilada enolončnica 161
75. Enchilade s kremnim sirom 163
76. Chilighetti 165
77. Takosi z globokim krožnikom 167
78. Kavbojska enolončnica 169
79. Neverjetna Cheeseburger pita 171
80. Mesna in krompirjeva enolončnica 173
81. Enolončnica z mesnimi kroglicami 175
82. Peka na žaru s čebulnimi obročki 177
83. Sloppy Joe Pie Enolončnica 179
84. Jugozahodna enolončnica 181
85. Tater Tot enolončnica 183

ENOLOČNICE IZ RIB IN MORSKIH SADEŽEV 185
86. Tuna–Tater Tot enolončnica 186
87. Tradicionalna enolončnica s tuno 188
88. Lososova enolončnica z gorčico 190
89. Lososova večerja 192
90. Bayou morska enolončnica 194
91. Kremna enolončnica z morskimi sadeži 196
92. enolončnica s morsko ploščo 198
93. Pečen morski list in špinačna enolončnica 200
94. Enolončnica iz koruze in ribjih palčk 203
95. Ostrigova enolončnica 205
96. Kreolska enolončnica s kozicami 208
97. Gratinirana enolončnica z morskimi sadeži 210

SLADKE ENOLOČNICE 212
98. Enolončnica iz krhkega peciva z jagodami 213
99. Bananina enolončnica za palačinke s čokoladnimi koščki 215
100. Smoresova enolončnica 217

ZAKLJUČEK 219

UVOD

Dobrodošli v "Kuharska Knjiga Za Hitro Rešitev Enoločnikov: 100 preprostih receptov za okusno udobno hrano." Enolončnice so utelešenje udobne hrane, ki ponujajo toplino, okus in občutek domačnosti v vsakem grižljaju. V tej kuharski knjigi vas vabimo, da odkrijete veselje do enostavnih in zadovoljivih obrokov z zbirko 100 okusnih receptov za enolončnice, ki so zasnovane tako, da poenostavijo vaš čas v kuhinji, hkrati pa razveselijo vaše brbončice.

Enolončnice so priljubljene zaradi svoje vsestranskosti, preprostosti in zmožnosti, da nahranijo množico z minimalnim naporom. Ne glede na to, ali kuhate za naporno večerjo med tednom, ob malici ali preprosto hrepenite po tolažilnem obroku po dolgem dnevu, boste na teh straneh našli navdih in udobje. Od klasičnih priljubljenih jedi, kot so makaroni s sirom in goveji stroganoff, do inovativnih preobratov tradicionalnih receptov, na voljo je enolončnica za vsako priložnost in vsak okus.

Vsak recept v tej kuharski knjigi je skrbno oblikovan, da zagotovi maksimalen okus z minimalnimi napori. Z enostavnimi navodili, običajnimi sestavinami in koristnimi nasveti za pripravo in shranjevanje obrokov boste lahko z lahkoto pripravili okusno enolončnico tudi v najbolj obremenjenih dneh. Ne glede na to, ali ste izkušen domači kuhar ali novinec v kuhinji, boste našli veliko možnosti, da potešite svoje želje in poenostavite svojo rutino obrokov.

Torej, zgrabite svojo enolončnico, predhodno segrejte pečico in se pripravite, da se prepustite tolažilni dobroti " Kuharska Knjiga Za Hitro Rešitev Enoločnikov ". S svojimi neustavljivimi recepti in praktičnim pristopom k kuhanju bo ta kuharska knjiga zagotovo postala stalnica vaše kuhinje v prihodnjih letih.

JAJČNE ONEČNICE

1. Šparglji – angleška peka za mafine

SESTAVINE:
- 1 funt svežih špargljev, narezanih na 1-palčne kose
- 5 angleških mafinov, razrezanih in popečenih
- 2 skodelici naribanega sira Colby Jack, razdeljeno
- 1 ½ skodelice na kocke narezane popolnoma kuhane šunke
- ½ skodelice sesekljane rdeče paprike
- 8 jajc, pretepenih
- 2 skodelici mleka
- 1 čajna žlička soli
- 1 čajna žlička suhe gorčice
- ½ čajne žličke črnega popra

NAVODILA:
a) V 4-litrski ponvi kuhajte koščke špargljev 1 minuto. Odcedite in dajte v veliko skledo ledene vode, da ustavite proces kuhanja. Špargelje odcedimo in osušimo s papirnatimi brisačkami.
b) Polovice angleških mafinov položite s prerezano stranjo navzgor, da oblikujete skorjo v pomaščen pekač velikosti 9 x 13 palcev. Mafine po potrebi razrežemo, da zapolnimo prazne prostore v pekaču. Špargelje, polovico sira, šunko in papriko razporedite po mafinih.
c) V veliki skledi zmešajte jajca, mleko, sol, suho gorčico in poper. Jajčno mešanico enakomerno prelijemo po muffinih. Pokrijte in ohladite 2 uri ali čez noč. Odstranite iz hladilnika, preden segrejete pečico na 375 stopinj. Pecite 40–45 minut ali dokler se ne strdi na sredini. Po vrhu takoj potresemo preostali sir in postrežemo.

2. Pečeni buritosi za zajtrk

SESTAVINE:
- 12 jajc
- ¾ skodelice krhke salse
- 10 srednjih tortilj iz moke
- 4-unča pločevinke sesekljanega zelenega čilija
- 1 skodelica naribanega čedar sira

NAVODILA:
a) Pečico segrejte na 350 stopinj.
b) V ponvi zmešajte jajca in salso, dokler niso čvrsta, vendar ne suha. Tortilje segrevajte v mikrovalovni pečici, dokler se ne zmehčajo. Na sredino vsake tortilje damo žlico umešane jajčne zmesi.
c) Zvijte tortiljo in jo položite v pomaščen pekač velikosti 9 x 13 palcev.
d) Potresemo z zelenim čilijem in sirom.
e) Pokrijte in pecite 15 minut.

3. Pizza z umešanimi jajci in šunko

SESTAVINE:
- 1 tuba (13,8 unč) ohlajenega testa za pico
- 8 jajc
- 2 žlici mleka
- sol in poper, po okusu
- 1-½ skodelice na kocke narezane popolnoma kuhane šunke
- 1 skodelica naribanega čedar sira

NAVODILA:
a) Pečico segrejte na 400 stopinj.
b) Testo za pizzo razporedite po dnu in do polovice navzgor po namaščenem pekaču velikosti 9x13 palcev. Pečemo 8 minut.
c) V ponvi premešajte in skuhajte jajca in mleko, dokler niso čvrsta, vendar ne suha. Začinimo s soljo in poprom.
d) Čez vročo skorjo namažemo umešana jajca. Čez jajca enakomerno položite šunko in sir.
e) Pečemo 8–12 minut ali dokler skorja ni zlato rjava in se sir stopi.

4. Enolončnica s slanino in jajci

SESTAVINE:
- 12 jajc
- 1 skodelica mleka
- 1 skodelica naribanega sira Monterey Jack, razdeljena
- 1 funt slanine, kuhane in zdrobljene
- 1 šopek zelene čebule, sesekljane

NAVODILA:
a) Pečico segrejte na 325 stopinj.
b) V skledi stepemo jajca, mleko in polovico sira. Primešamo slanino in čebulo. Mešanico vlijemo v pomaščen pekač velikosti 9 x 13 palcev.
c) Pokrijte in kuhajte 45 – 55 minut ali dokler se jajca ne strdijo.
d) Takoj potresemo s preostalim sirom in postrežemo.

5.Sausage–Hash Rjava pečenka za zajtrk

SESTAVINE:
- 3-½ skodelice zmrznjenega naribanega rjavega peciva
- 1 funt klobase, porjavele in odcejene
- 1 skodelica naribanega čedar sira
- 6 jajc, pretepenih
- ¾ skodelice mleka
- 1 čajna žlička suhe gorčice
- ½ čajne žličke soli
- ½ čajne žličke črnega popra

NAVODILA:
a) Na dno pomaščenega pekača velikosti 9 x 13 palcev razporedite rjavo pecivo. Po vrhu potresemo kuhano klobaso in sir.
b) V skledi zmešajte jajca, mleko, suho gorčico, sol in poper. Jajčno zmes enakomerno prelijte čez klobase in rjave rjave klobase. Pokrijte in ohladite 2 uri ali čez noč.
c) Vzemite iz hladilnika 20 minut pred peko in segrejte pečico na 350 stopinj. Pokrijte in pecite 30 minut. Odkrijte in pecite še 5–8 minut ali dokler ni sredina.

6.Jugozahodna jajca

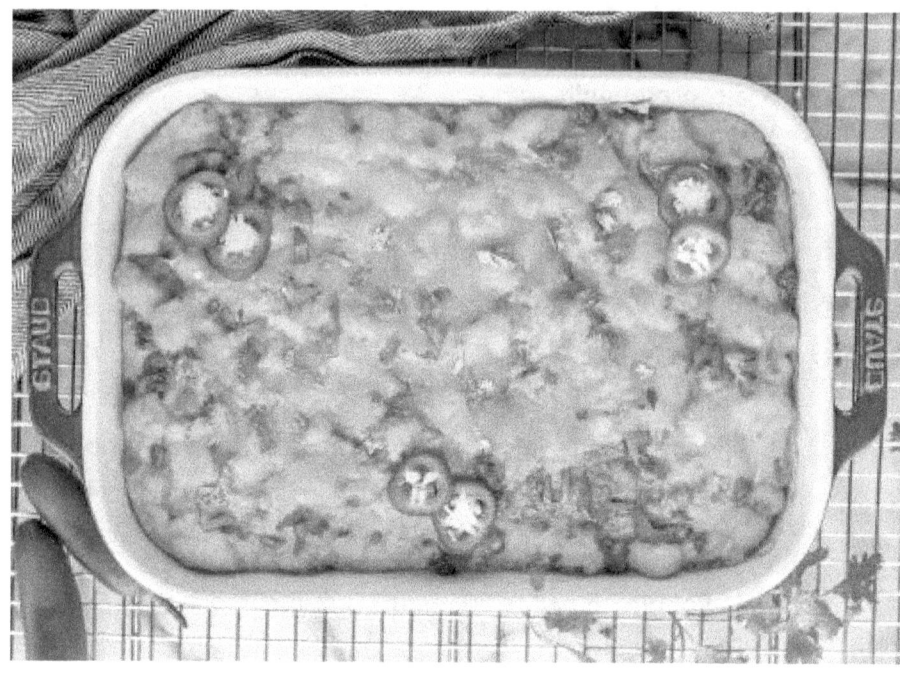

SESTAVINE:
- 12 jajc
- ½ skodelice mleka
- 2 pločevinki (vsaka po 4 unče) sesekljanega zelenega čilija
- ½ skodelice sesekljane rdeče paprike
- 1 skodelica naribanega čedar sira
- 1 skodelica naribanega sira Monterey Jack

NAVODILA:
a) Pečico segrejte na 350 stopinj.
b) V skledi stepemo jajca in mleko. Dati na stran.
c) V pomaščen pekač velikosti 9x13 palcev položite čili, papriko in sir. Po vrhu prelijte jajčno mešanico.
d) Pokrijte in pecite 30–40 minut ali dokler se jajca ne strdijo na sredino.

7. Enolončnica iz ovsenih kosmičev s češnjami in jagodami

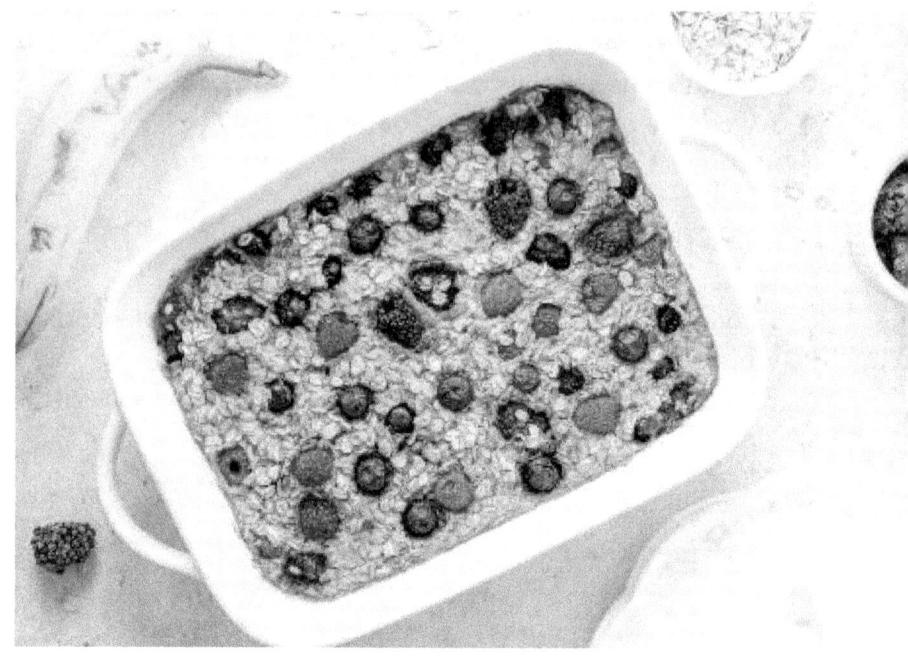

SESTAVINE:
- 2 skodelici suhega valjanega ovsa
- ½ skodelice plus 2 žlici. svetlo rjavi sladkor
- 1 čajna žlička pecilnega praška
- 1 čajna žlička mletega cimeta
- ½ čajne žličke soli
- ½ skodelice posušenih češenj
- ½ skodelice svežih ali odmrznjenih borovnic
- ¼ skodelice praženih mandljev
- 1 skodelica polnomastnega mleka
- 1 skodelica pol in pol smetane
- 1 jajce
- 2 žlici. stopljeno nesoljeno maslo
- 1 čajna žlička vanilijevega ekstrakta

NAVODILA:
a) Pečico segrejte na 375°. Kvadratni pekač s premerom 8" popršite s pršilom za kuhanje proti prijemanju.
b) V skledo za mešanje dodajte oves, ½ skodelice rjavega sladkorja, pecilni prašek, cimet, sol, češnje, ¼ skodelice borovnic in ⅛ skodelice mandljev. Mešajte dokler se ne združi in porazdelite po pekaču.
c) Po vrhu potresemo ¼ skodelice borovnic in ⅛ skodelice mandljev.
d) V posodo za mešanje dodajte mleko, pol in pol smetane, jajce, maslo in vanilijev ekstrakt. Mešajte dokler se ne združi in prelijte po vrhu enolončnice. Ne mešajte. Po vrhu potresemo 2 žlici rjavega sladkorja.
e) Pečemo 30 minut oziroma dokler se enolončnica ne strdi in ovseni kosmiči ne zmehčajo. Odstranite iz pečice in pustite enolončnico počivati 5 minut, preden jo postrežete.

8. Omlet Brunch

SESTAVINE:
- 18 jajc
- 1 skodelica kisle smetane
- 1 skodelica mleka
- 1 čajna žlička soli
- ¼ skodelice sesekljane zelene čebule
- 1 skodelica naribanega čedar sira

NAVODILA:
a) Pečico segrejte na 325 stopinj.
b) V veliki skledi stepemo jajca, kislo smetano, mleko in sol. Zložite zeleno čebulo. Mešanico vlijemo v pomaščen pekač velikosti 9 x 13 palcev. Pečemo 45–55 minut ali dokler se jajca ne strdijo.
c) Po vrhu takoj potresemo sir in pred serviranjem narežemo na kvadratke.

9. Crescent, Hash Rjav in klobasa

SESTAVINE:
- 8 unč ohlajeno testo v obliki polmeseca v tubi
- 10,4 unč členkov klobase, porjavele, odcejene in narezane
- 1 skodelica zmrznjenega naribanega hašiša
- 1 ½ skodelice naribanega čedar sira
- 5 jajc
- ⅓ skodelice mleka
- sol in poper, po okusu

NAVODILA:
a) Pečico segrejte na 375 stopinj.
b) Odvijte polmesece in pritisnite testo na dno in navzgor ob straneh 12-palčnega okroglega pekača za pico.
c) Čez testo potresemo klobase, rjavo pecivo in sir.
d) V skledi z vilicami stepemo jajca, mleko, sol in poper. Jajčno zmes prelijemo čez testo.
e) Pečemo 30 minut.
f) Postrezite zagozde s svežo salso.

10. Francoski toast z rozinami

SESTAVINE:
- 1 štruca (24 unč) kruha s cimetom in rozinami, na kocke
- 6 jajc, rahlo stepenih
- 3 skodelice mleka
- 2 žlički vanilije
- sladkor v prahu

NAVODILA:
a) Kruhove kocke položite v pomaščen pekač velikosti 9 x 13 palcev.
b) V skledi stepemo jajca, mleko in vanilijo. Jajčno mešanico enakomerno prelijemo čez kruh. Pokrijte in ohladite 2 uri ali čez noč.
c) Vzemite iz hladilnika 20 minut pred peko in segrejte pečico na 350 stopinj.
d) Pečemo brez pokrova 45–50 minut ali dokler ne postanejo zlato rjave barve.
e) Po vrhu potresemo sladkor v prahu. Postrezite z javorjevim sirupom.

11. Špinačna fritaja

SESTAVINE:
- 4 jajca
- 1 ½ skodelice mleka
- ½ čajne žličke soli
- 1 paket (10 unč) zamrznjene špinače, odmrznjene in odcejene
- ¾ skodelice naribanega čedarja ali švicarskega sira

NAVODILA:

a) Pečico segrejte na 400 stopinj.

b) V skledi stepemo jajca, mleko in sol. Zmes vlijemo v pomaščen pekač velikosti 8 x 8 palcev. Po jajčni mešanici razporedite špinačo. Pečemo 17–22 minut ali dokler se jajca ne strdijo. Po vrhu potresemo sir.

12.Švicarska enolončnica s klobasami

SESTAVINE:
- 10 rezin belega kruha, narezanega na kocke
- 1 funt začinjene klobase, popečene in odcejene
- 4-unča pločevinke narezanih gob, odcejenih
- ¾ skodelice naribanega cheddar sira
- 1 ½ skodelice naribanega švicarskega sira
- 8 jajc, pretepenih
- 2 skodelici pol-pol
- 2 skodelici mleka
- 1 čajna žlička soli
- 1 čajna žlička črnega popra

NAVODILA:
a) Kruhove kocke položite v pomaščen pekač velikosti 9 x 13 palcev. Kuhano klobaso nadrobimo na kruh. Čez klobaso enakomerno položite gobe in po vrhu potresite sire.
b) V veliki skledi zmešajte jajca, pol-pol, mleko, sol in poper. Jajčno zmes enakomerno prelijemo čez sir. Pokrijte in ohladite 2 uri ali čez noč.
c) Vzemite iz hladilnika 20 minut pred peko in segrejte pečico na 350 stopinj. Pokrijte in pecite 30 minut. Odkrijte in pecite še 15–20 minut.

13. Cimetova enolončnica z rozinami

SESTAVINE:
- 2 pločevinki ohlajenih cimetovih zvitkov, velikosti 12 unč
- ¼ skodelice svetlo rjavega sladkorja
- 1 skodelica rozin
- 4 jajca
- ½ skodelice težke smetane
- 2 žlici. javorjev sirup
- 2 ½ čajne žličke vanilijevega ekstrakta
- 1 čajna žlička mletega cimeta
- 4 unče kremnega sira, zmehčanega
- 1 skodelica sladkorja v prahu
- 4 žlice. nesoljeno maslo, zmehčano

NAVODILA:
a) Pečico segrejte na 350°. 10" globok pekač za pito poškropite s pršilom proti prijemanju. Odstranite cimetove zvitke iz pločevinke.
b) Polovico cimetovih zvitkov položite v pekač za pito. Po cimetovih zvitkih potresite 2 žlici rjavega sladkorja in ½ skodelice rozin.
c) V skledo za mešanje dodajte jajca, smetano, javorjev sirup, 2 žlički vanilijevega ekstrakta in cimet. Mešajte dokler se ne združi in prelijte čez cimetove zvitke v pekaču za pito. Po vrhu položite preostale cimetove zvitke. Po vrhu potresemo preostali rjavi sladkor in ½ skodelice rozin.
d) Pečemo 30 minut oziroma dokler se enolončnica ne strdi in cimetovi zvitki zlato rjavo zapečejo.
e) Odstranite iz pečice. V skledo za mešanje dodajte kremni sir, sladkor v prahu, maslo in ½ čajne žličke vanilijevega ekstrakta.
f) Mešajte dokler ni gladko in združeno. Premažemo po zvitkih in postrežemo.

14. Peka rogljičkov iz jabolčnega ocvrtka

SESTAVINE:
- 6 žlic. nesoljeno maslo
- ½ skodelice svetlo rjavega sladkorja
- 3 jabolka Granny Smith, brez peščic in narezana na kocke
- 3 jabolka Fuji, olupljena in narezana na kocke
- ½ skodelice plus 1 žlica. jabolčno maslo
- 1 čajna žlička koruznega škroba
- 6 velikih rogljičkov, narezanih na kocke
- ½ skodelice težke smetane
- 3 stepena jajca
- 1 čajna žlička vanilijevega ekstrakta
- ¼ čajne žličke začimbe za jabolčno pito
- ½ skodelice sladkorja v prahu

NAVODILA:
a) Pečico segrejte na 375°. Pekač 9 x 13 popršite s pršilom za kuhanje proti prijemanju. V veliki ponvi na srednjem ognju dodajte maslo. Ko se maslo stopi, dodamo rjavi sladkor. Mešajte, dokler se rjavi sladkor ne raztopi.
b) Dodajte jabolka v ponev. Mešajte, dokler se ne združi. Kuhamo 6 minut oziroma dokler se jabolka ne zmehčajo. V ponev dodajte 1 žlico jabolčnega masla in koruzni škrob. Mešajte, dokler se ne združi. Odstranite ponev z ognja.
c) Po pekaču razporedimo kocke rogljičkov. Po vrhu z žlico naložimo jabolka. V skledo za mešanje dodajte smetano, jajca, ekstrakt vanilje, začimbo za jabolčno pito in ½ skodelice jabolčnega masla. Mešajte dokler se ne združi in prelijte po vrhu enolončnice.
d) Prepričajte se, da so kocke rogljička prevlečene s tekočino.
e) Pečemo 25 minut ali dokler se enolončnica ne postavi na sredino.
f) Odstranite iz pečice in po vrhu potresite sladkor v prahu. Postrežemo toplo.

15. Borovničev francoski toast Pečemo

SESTAVINE:
- 12 rezin dan starega francoskega kruha, debeline 1".
- 5 stepenih jajc
- 2 ½ skodelice polnomastnega mleka
- 1 skodelica svetlo rjavega sladkorja
- 1 čajna žlička vanilijevega ekstrakta
- ½ čajne žličke mletega muškatnega oreščka
- 1 skodelica sesekljanih pekanov
- ¼ skodelice stopljenega nesoljenega masla
- 2 skodelici svežih ali zamrznjenih borovnic

NAVODILA:
a) Pekač 9 x 13 popršite s pršilom za kuhanje proti prijemanju. Rezine kruha položimo v pekač. V skledo za mešanje dodajte jajca, mleko, ¾ skodelice rjavega sladkorja, vanilijev ekstrakt in muškatni oreščck.

b) Mešajte dokler se ne združi in prelijte čez kruh. Pekač pokrijemo s plastično folijo. Hladite vsaj 8 ur, vendar ne več kot 10 ur. Pekač vzamemo iz hladilnika in s pekača odstranimo plastično folijo.

c) Pustite enolončnico stati na sobni temperaturi 30 minut. Pečico segrejte na 400°. Pekane potresemo po vrhu enolončnice. V majhno skledo dodajte ¼ skodelice rjavega sladkorja in maslo. Mešajte, dokler se ne združi in potresite po vrhu enolončnice.

d) Pečemo 25 minut. Po vrhu enolončnice potresemo borovnice.

e) Pečemo 10 minut ali dokler nož, vstavljen v sredino enolončnice, ne pride ven čist. Odstranite iz pečice in postrezite.

16. Osnovna enolončnica s francoskim toastom

SESTAVINE:
- 1 skodelica svetlo rjavega sladkorja
- ½ skodelice nesoljenega masla
- 2 skodelici lahkega koruznega sirupa
- 16 unč štruce francoskega kruha, narezanega
- 5 stepenih jajc
- 1 ½ skodelice polnomastnega mleka
- Sladkor v prahu po okusu

NAVODILA:
a) Pekač 9 x 13 rahlo poškropite s pršilom za kuhanje proti prijemanju. V ponvi na majhnem ognju dodajte rjavi sladkor, maslo in koruzni sirup.

b) Mešajte dokler se ne poveže in kuhajte le toliko časa, da se vse sestavine stopijo. Ponev odstavimo z ognja in vlijemo v pekač.

c) Na sirup položite rezine francoskega kruha. Ne smete uporabiti vseh rezin kruha. Po potrebi narežite rezine kruha, da se prilegajo. V posodo za mešanje dodajte jajca in mleko. Mešajte dokler se ne združi in prelijte čez rezine kruha. Pekač pokrijemo s plastično folijo. Hladite vsaj 8 ur, vendar ne več kot 12 ur.

d) Pekač vzamemo iz hladilnika. Odstranite plastično folijo in pustite enolončnico stati 30 minut na sobni temperaturi. Pečico segrejte na 350°.

e) Pečemo 20-30 minut ali dokler se enolončnica strdi in svetlo zlato rjavo zapeče.

f) Odstranite iz pečice in po vrhu potresite sladkor v prahu po okusu.

PERUTNINČKE ONEČNICE

17. Brokolijeva piščančja enolončnica

SESTAVINE:
- 2 skodelici narezanega kuhanega piščanca
- 1 pločevinka (10,75 unč) kondenzirane kremne gobove juhe
- ¼ skodelice mleka
- ¾ skodelice naribanega sira Monterey Jack
- 1 paket (10 unč) zamrznjenega brokolija, odmrznjenega
- ½ skodelice zelene čebule, narezane na rezine
- ½ čajne žličke črnega popra

NAVODILA:
a) Pečico segrejte na 350 stopinj.
b) V veliki skledi zmešajte vse sestavine. Mešanico razporedite v pomaščen pekač velikosti 9x13 palcev.
c) Pečemo 35–40 minut ali dokler ne postanejo mehurčki.

18. Indijski piščanec

SESTAVINE:
- 1 paket (6,2 unč) ocvrtega riža z zavitkom začimb
- 2 skodelici vode
- 2 piščančji prsi brez kosti in kože, kuhani in narezani na kocke
- ½ skodelice narezane zelene
- Vodni kostanj v pločevinki za 4 unče, odcejen
- ⅔ skodelice indijskih oreščkov

NAVODILA:
a) Pečico segrejte na 350 stopinj.
b) V skledi zmešajte riž, paket začimb in vodo.
c) Piščanca, mešanico riža, zeleno in vodne kostanje položite v pomaščen pekač velikosti 9x9 palcev. Pokrijte in pecite 30–40 minut ali dokler riž ni pečen.
d) Potresemo z indijskimi oreščki.

19. Sirast Piščanec

SESTAVINE:
- 4 do 6 piščančjih prsi brez kosti in kože
- 1 škatla (16 unč) kisle smetane
- 1 pločevinka (10,75 unč) kondenzirane kremne juhe zelene
- 1 pločevinka (10,75 unč) piščančje kremne juhe, kondenzirane
- 1 ¼ skodelice vode
- 2 skodelici nekuhanega belega riža
- 1 skodelica naribanega čedar sira

NAVODILA:
a) Pečico segrejte na 325 stopinj.
b) Piščanca položite v pomaščen pekač velikosti 9x13 palcev.
c) V skledi zmešajte kislo smetano, juhe, vodo in nekuhan riž. Prelijemo čez piščanca. Pokrijte in pecite 1 uro.
d) Neposredno pred serviranjem potresemo s sirom.

20.Tortilja Enchilada

SESTAVINE:
- 2 skodelici narezanega kuhanega piščanca
- 2 pločevinki (po 10,75 unč) piščančje kremne juhe, kondenzirane
- 1 skodelica kisle smetane
- ¼ skodelice sesekljane čebule
- 1 vrečka (12 unč) tortiljinega čipsa, zdrobljenega v vrečki
- 1 skodelica naribanega sira Monterey Jack
- ½ skodelice salse

NAVODILA:
a) Pečico segrejte na 350 stopinj.
b) V veliki skledi zmešajte piščanca, juho, kislo smetano in čebulo.
c) V pomaščen pekač velikosti 9 x 13 palcev razporedite polovico čipsa in polovico jušne mešanice. Ponovite plasti.
d) Potresemo s sirom in pečemo 30 minut. Postrezite s salso.

21. Piščančja enolončnica iz koruznega kruha

SESTAVINE:
- 4 skodelice nekuhanih jajčnih rezancev
- 3 skodelice narezanega kuhanega piščanca
- 2 pločevinki (vsaka po 10,75 unč) kondenzirane kremne zelene juhe
- 1 pločevinka (15 unč) kremne koruze
- 2 skodelici naribanega čedar sira
- 1 paket mešanice za koruzni kruh (velikost pekača 8 x 8 palcev)

NAVODILA:
a) Pečico segrejte na 350 stopinj.
b) Rezance kuhajte 5–7 minut ali dokler niso kuhani. Odcedite in zmešajte s piščancem, juho, koruzo in sirom. Mešanico rezancev vlijemo v pomaščen pekač velikosti 9 x 13 palcev.
c) V skledi zmešajte mešanico koruznega kruha s sestavinami, navedenimi na embalaži. Testo za koruzni kruh nanesite na mešanico rezancev.
d) Pečemo 25–30 minut ali dokler vrh koruznega kruha ni zlato rjav.

22. Družinam prijazne piščančje enchilade

SESTAVINE:
- 3 skodelice kuhanega in narezanega piščanca
- 2 pločevinki (po 10,75 unč) piščančje kremne juhe, kondenzirane
- 1 skodelica kisle smetane
- 4-unča konzerve zelenega čilija, odcejenega
- ¼ skodelice posušene mlete čebule
- 2 ½ skodelice naribanega sira cheddar, razdeljeno
- 10 srednjih tortilj iz moke
- ⅓ skodelice mleka

NAVODILA:
a) Pečico segrejte na 350 stopinj.
b) Zmešajte piščanca, 1 pločevinko juhe, kislo smetano, čili, čebulo in 1 ½ skodelice sira. Tortilje napolnite s ⅓ do ½ skodelice piščančje mešanice.
c) Napolnjene tortilje zvijte in položite s šivi navzdol v pomaščen pekač velikosti 9 x 13 palcev.
d) Preostalo juho zmešajte z mlekom in razporedite po tortiljinih zvitkih. Po vrhu potresemo preostali sir.
e) Pokrijte in pecite 25 minut. Odkrijte in pecite še 5–10 minut ali dokler se ne segreje.

23.Fiesta piščančja enolončnica

SESTAVINE:
- 2 skodelici nekuhanih majhnih testenin v lupinah
- 2 skodelici narezanega kuhanega piščanca
- 1 kozarec (16 unč) srednje velike salse
- Peščica oliv
- 2 skodelici naribanega mehiškega sira

NAVODILA:

a) Pečico segrejte na 350 stopinj.
b) Skuhajte testenine po navodilih na embalaži in jih odcedite.
c) Vse sestavine zmešajte v pomaščenem pekaču velikosti 9x13 palcev.
d) Pokrijte in pecite 20–25 minut ali dokler se ne segreje.
e) Vrh z olivami.

24.Sladka limonina piščančja enolončnica

SESTAVINE:
- 6 piščančjih prsi brez kosti in kože
- 2 žlici stopljenega masla ali margarine
- ⅓ skodelice moke
- ⅓ skodelice medu
- ¼ skodelice limoninega soka
- 1 žlica sojine omake

NAVODILA:
a) Pečico segrejte na 350 stopinj.
b) Piščanca potopite v maslo in nato v moko. Postavite v pomaščen pekač velikosti 9x13 palcev.
c) Zmešajte med, limonin sok in sojino omako. Piščanca prelijemo z omako.
d) Pokrijte in pecite 40 minut ali dokler ni piščanec pečen.

25.Mango piščančja enolončnica

SESTAVINE:
- 1 skodelica nekuhanega belega riža
- 2 skodelici vode
- 4 piščančje prsi brez kosti in kože
- 1 kozarec (12 unč) mangove salse

NAVODILA:
a) Pečico segrejte na 350 stopinj.
b) V pomaščenem 9x13-palčnem pekaču zmešajte riž in vodo. Piščanca položite na riž in čez prelijte mangovo salso.
c) Pokrijte in pecite 1 uro.

26.Makova enolončnica

SESTAVINE:
- 1 ½ funta mletega purana
- 1 zelena ali rdeča paprika, sesekljana
- 3 pločevinke (vsaka po 8 unč) paradižnikove omake
- ½ čajne žličke soli
- ½ čajne žličke črnega popra
- 1 paket (8 unč) kremnega sira, narezanega na kocke
- ½ skodelice kisle smetane
- 1 skodelica skute
- 1 žlica makovih semen
- 1 vrečka (12–18 unč) kodrastih rezancev, kuhanih in odcejenih
- 1 čajna žlička italijanske začimbe
- ½ skodelice naribanega parmezana

NAVODILA:
a) Pečico segrejte na 350 stopinj.
b) Zapecite purana in papriko skupaj, dokler ni puran pečen. Odcedite tekočino. Dodamo paradižnikovo omako, sol in poper ter dušimo na majhnem ognju.
c) V skledi zmešamo kremni sir, kislo smetano, skuto in mak ter primešamo odcejenim vročim rezancem. Mešanico rezancev položite na dno namaščene 9x13-palčne ponve in na vrh položite puranje mešanico. Pokrijte in pecite 30 minut.
d) Odkrijte in pecite še 10 minut.
e) Po vrhu potresemo italijanske začimbe in parmezan.

27. Piščančja enolončnica z ananasom

SESTAVINE:
- 2 skodelici na kocke narezanega kuhanega piščanca
- 1 pločevinka (8 unč) zdrobljenega ananasa s tekočino
- 1 skodelica sesekljane zelene
- 1 skodelica kuhanega belega riža
- 1 pločevinka (10,75 unč) kondenzirane kremne gobove juhe
- 1 skodelica majoneze
- 1 pločevinka (6 unč) narezanega vodnega kostanja, odcejenega
- 2 skodelici drobtin
- 1 žlica masla ali margarine, stopljene

NAVODILA:
a) Pečico segrejte na 350 stopinj.
b) V veliki skledi zmešajte vse sestavine razen drobtin in masla.
c) Mešanico prenesite v pomaščen pekač velikosti 9x13 palcev.
d) Združite drobtine in maslo; potresemo po vrhu piščančje mešanice.
e) Pečemo 30–45 minut.

28. Jugozahodni piščančji zvitki

SESTAVINE:
- 1 skodelica drobno zdrobljenih sirnih krekerjev
- 1 ovojnica začimb za taco
- 4 do 6 piščančjih prsi brez kosti in kože
- 4 do 6 rezin sira Monterey Jack
- 4-unča pločevinke sesekljanega zelenega čilija

NAVODILA:
a) Pečico segrejte na 350 stopinj.
b) Na krožniku zmešajte krekerje in začimbo za taco. Piščanca sploščite z mehčalcem mesa in na vsak kos piščanca položite 1 rezino sira in približno 1 žlico čilija. Piščanca zvijte in pritrdite z zobotrebcem.
c) Piščanca potresemo z mešanico krekerjev in položimo v pomaščen pekač velikosti 9x13 palcev.
d) Pecite nepokrito 35–40 minut ali dokler ni piščanec pečen.
e) Pred serviranjem ne pozabite odstraniti zobotrebcev.

29. švicarski piščanec

SESTAVINE:
- 4 do 6 piščančjih prsi brez kosti in kože
- 4 do 6 rezin švicarskega sira
- 1 pločevinka (10,75 unč) kondenzirane kremne gobove juhe
- ¼ skodelice mleka
- 1 škatla (6 unč) začinjene mešanice za nadev
- ¼ skodelice masla ali margarine, stopljene

NAVODILA:
a) Pečico segrejte na 350 stopinj.
b) Piščanca položite na dno pomaščenega pekača velikosti 9 x 13 palcev. Rezine sira položite čez piščanca.
c) V skledi zmešamo juho in mleko. Zmes za juho nalijte na piščanca.
d) Čez jušno plast potresemo suho zmes za nadev in po vrhu pokapamo maslo.
e) Pokrijte in pecite 55–65 minut ali dokler piščanec ni pečen.

30. Puran in krompirjeva pečenka

SESTAVINE:
- 2 skodelici kuhanega purana, narezanega na kocke
- 2 srednje velika krompirja, olupljena in na tanke rezine narezana
- 1 srednja čebula, narezana na rezine
- sol in poper, po okusu
- 1 pločevinka (10,75 unč) kondenzirane kremne juhe zelene
- ½ skodelice posnetega mleka

NAVODILA:
a) Pečico segrejte na 350 stopinj.
b) V pomaščen 8x8-palčni pekač razporedite purana, krompir in čebulo. Potresemo s soljo in poprom.
c) V skledi zmešamo juho in mleko. Prelijemo po puranu. Pokrijte in pecite 1 uro.

31. piščanec teriyaki

SESTAVINE:
- 2 piščančji prsi brez kosti in kože, narezani na kocke
- 1 pločevinka (15 unč) piščančje juhe
- 2 žlici rjavega sladkorja
- 2 žlici sojine omake
- ½ čajne žličke mletega ingverja
- ½ čajne žličke Worcestershire omake
- 1 skodelica nekuhanega belega riža
- 1 pločevinka (8 unč) koščkov ananasa, odcejena

NAVODILA:
a) Pečico segrejte na 350 stopinj.
b) Združite vse sestavine v veliki skledi.
c) Mešanico prenesite v pomaščen pekač velikosti 9x13 palcev.
d) Pokrijte in pecite 1 uro ali dokler riž ni pripravljen.

32. Divji riž in piščanec

SESTAVINE:
- 6,2 unč dolgozrnatega in divjega riža z začimbami
- 1 ½ skodelice vode
- 4 piščančje prsi brez kosti in kože
- ½ čajne žličke posušene bazilike
- ½ čajne žličke česna v prahu

NAVODILA:
a) Pečico segrejte na 375 stopinj.
b) V skledi zmešajte riž, paket začimb in vodo.
c) Mešanico vlijemo v pomaščen pekač velikosti 9 x 13 palcev.
d) Piščanca položite na riževo mešanico in potresite z baziliko in česnom v prahu.
e) Pokrijte in pecite 1 uro.

33. Piščančja enolončnica z baziliko

SESTAVINE:
- 3 žlice masla ali margarine, stopljene
- 3 skodelice krompirja, olupljenega in na tanke rezine
- 1 paket (16 unč) zamrznjene koruze
- 2 čajni žlički soli, razdeljeni
- 2 čajni žlički bazilike, razdeljeni
- 1 skodelica drobtin graham krekerja
- ⅓ skodelice masla ali margarine, stopljene
- 4 do 6 piščančjih prsi brez kosti in kože

NAVODILA:
a) Pečico segrejte na 375 stopinj.
b) Na dno 9x13-palčnega pekača vlijemo 3 žlice stopljenega masla. V ponvi zmešajte krompir in koruzo, nato pa potresite z 1 čajno žličko soli in 1 čajno žličko bazilike.
c) V majhni skledi zmešajte drobtine krekerja ter preostalo sol in baziliko. Mešanico prenesite na krožnik. Piščanca potopite v ⅓ skodelice stopljenega masla, nato povaljajte v mešanici drobtin in ga popolnoma prekrijte. Čez zelenjavo položite piščanca.
d) Pokrijte in pecite 60–75 minut ali dokler ni piščanec pečen in zelenjava ni mehka.
e) Odstranite iz pečice, odkrijte in pecite še 10 minut, da piščanec porjavi.

34. Po zahvalnem dnevu

SESTAVINE:
- 1 škatla (6 unč) začinjene mešanice za nadev
- 3 skodelice sesekljanega kuhanega purana
- 2 skodelici puranje omake, razdeljeno
- 2 skodelici pire krompirja, začinjenega s česnom

NAVODILA:
a) Pečico segrejte na 350 stopinj.
b) Pripravite nadev po navodilih na embalaži. V pomaščen 2-litrski pekač nalijte nadev. Na nadev položite purana. Purana prelijte z 1 skodelico omake. Po vrhu enakomerno razporedite pire krompir. Pokrijte s preostalo omako.
c) Pokrijte in pecite 35–45 minut ali dokler ne nastanejo mehurčki.

35.Turčija Tortilla enolončnica

SESTAVINE:
- 3 skodelice sesekljanega kuhanega purana
- 4-unča pločevinke sesekljanega zelenega čilija
- ¾ skodelice piščančje juhe
- 2 pločevinki (po 10,75 unč) piščančje kremne juhe, kondenzirane
- 1 srednja čebula, sesekljana
- 8 do 10 srednjih gordita tortilj iz moke
- 2 skodelici naribanega sira Monterey Jack

NAVODILA:
a) Pečico segrejte na 350 stopinj.
b) V veliki skledi zmešajte purana, čile, juho, juho in čebulo. Pokrijte dno namaščenega pekača velikosti 9x13 palcev s polovico tortilj. Polovico puranje mešanice razporedite po tortiljini plasti. Po vrhu potresemo polovico sira. Ponovite plasti.
c) Pečemo 25–30 minut ali dokler ne postanejo mehurčki in se segrejejo.

36.Turketti

SESTAVINE:
- 1 pločevinka (10,75 unč) kondenzirane kremne gobove juhe
- ½ skodelice vode
- 2 skodelici kuhanega purana, narezanega na kocke
- 1 ⅓ skodelice špagetov, zlomljenih, kuhanih in odcejenih
- ⅓ skodelice sesekljane zelene paprike
- ½ skodelice sesekljane čebule
- ½ čajne žličke soli
- ¼ čajne žličke črnega popra
- 2 skodelici naribanega cheddar sira, razdeljeno

NAVODILA:
a) Pečico segrejte na 350 stopinj.
b) V veliki skledi zmešajte juho in vodo. Vmešajte preostale sestavine razen 1 skodelice sira. Zmes razporedite v pomaščen pekač velikosti 9x13 palcev.
c) Po vrhu potresemo preostali sir. Pečemo 45 minut.

37. Nadev in puranja enolončnica

SESTAVINE:
- 2 pločevinki (vsaka po 10,75 unč) kondenzirane kremne zelene juhe
- 1 skodelica mleka
- ½ čajne žličke črnega popra
- 1 vrečka (16 unč) zamrznjene mešane zelenjave, odmrznjene in odcejene
- 2 ½ skodelice kuhanega purana, narezanega na kocke
- 1 škatla (6 unč) začinjene mešanice za nadev
- Pečico segrejte na 400 stopinj.

NAVODILA:
a) Zmešajte juho, mleko, poper, zelenjavo in purana. Zmes za puranje razporedite v pomaščen pekač velikosti 9 x 13 palcev.
b) Pripravite nadev po navodilih na embalaži. Nadev enakomerno razporedite po puranu.
c) Pečemo 25 minut ali dokler se ne segreje.

38. Turčija Divan

SESTAVINE:
- 2 skodelici na kocke narezanega kuhanega purana
- 1 paket (10 unč) zamrznjenega kuhanega brokolija
- 1 pločevinka (10,75 unč) piščančje kremne juhe, kondenzirane
- ½ skodelice majoneze
- ½ čajne žličke limoninega soka
- ¼ čajne žličke karija
- ½ skodelice naribanega ostrega cheddar sira

NAVODILA:
a) Pečico segrejte na 350 stopinj.
b) Purana in brokoli položite v pomaščen pekač velikosti 9x13 palcev.
c) V skledi zmešajte juho, majonezo, limonin sok in curry v prahu.
d) Prelijemo po puranu in potresemo s sirom. Pokrijte in pecite 40 minut.

ZELENJAVNE ENOLOČNICE

39. Enolončnica s šparglji

SESTAVINE:
- 1 skodelica naribanega čedar sira
- 2 skodelici zdrobljenih slanih krekerjev
- ¼ skodelice masla ali margarine, stopljene
- 10,75 unč pločevinke kondenzirane kremne gobove juhe
- 15 unč pločevinke špargljev, odcejene s pridržano tekočino
- ½ skodelice narezanih mandljev

NAVODILA:
a) Pečico segrejte na 350 stopinj.
b) V skledi zmešajte sir in drobtine krekerja. Dati na stran.
c) V posebni posodi zmešamo maslo, juho in tekočino iz konzerve špargljev. Polovico mešanice krekerjev položite na dno 8x8-palčnega pekača. Po vrhu razporedite polovico špargljev.
d) Čez špargeljne razporedite polovico narezanih mandljev in polovico jušne mešanice.
e) Po vrhu položite preostale špargeljne, mandlje in mešanico juhe. Pokrijte s preostalo mešanico krekerjev.
f) Pečemo 20–25 minut ali dokler ne postanejo mehurčki in zlato rjave barve.

40.Krhka zelenjavna enolončnica

SESTAVINE:
- 2 skodelici vode
- 1 skodelica nekuhanega belega riža
- 1 vrečka (16 unč) zamrznjenih cvetov brokolija
- 1 vrečka (16 unč) zamrznjenih cvetov cvetače
- ⅓ skodelice vode
- 1 srednja čebula, sesekljana
- ⅓ skodelice masla ali margarine
- 1 kozarec (16 unč) Cheez Whiz
- 1 pločevinka (10,75 unč) piščančje kremne juhe, kondenzirane
- ⅔ skodelice mleka

NAVODILA:
a) V ponvi zavrite 2 skodelici vode in riž. Zmanjšajte toploto. Pokrijte in dušite 15 minut ali dokler voda ne vpije.
b) V skledi segrevajte brokoli in cvetačo z ⅓ skodelice vode v mikrovalovni pečici na visoki temperaturi 8 minut ali dokler ni končana. Odcedite zelenjavo.
c) Pečico segrejte na 350 stopinj.
d) V ponvi na maslu prepražimo čebulo. V čebulo stresemo kuhan riž. Mešanico riža razporedite v pomaščen pekač velikosti 9 x 13 palcev.
e) V mešanico riža vmešajte zelenjavo, sirovo omako, juho in mleko.
f) Pečemo 30–35 minut ali dokler ne postanejo mehurčki.

41. Krompirjeva enolončnica z mocarelo

SESTAVINE:
- 4 srednji krompirji, olupljeni
- 4 paradižniki Roma, narezani na rezine
- 1 velika zelena paprika, očiščena in narezana na trakove
- sol in poper, po okusu
- 1 čajna žlička italijanske začimbe
- 2 skodelici naribanega mocarele
- 1 skodelica kisle smetane

NAVODILA:
a) Pečico segrejte na 400 stopinj.
b) V loncu kuhajte krompir 25–30 minut, dokler ni delno kuhan, nato ga narežite na tanke rezine. Polovico rezin krompirja, rezin paradižnika in trakov paprike položite v pomaščen pekač velikosti 9x9 palcev.
c) Začinimo s soljo in poprom. Čez zelenjavo potresemo polovico italijanskih začimb in mocarele. Ponovite plasti s preostalim krompirjem, paradižnikom in papriko.
d) Po zelenjavi potresemo preostale začimbe in sir, nato pa po vrhu namažemo kislo smetano.
e) Pokrijte in pecite 30–40 minut ali dokler ne nastanejo mehurčki.

42. Kremna špinačna enolončnica

SESTAVINE:
- 2 paketa (po 10 unč) zamrznjene sesekljane špinače
- 1 ovojnica mešanice čebulne juhe
- 1 posoda (16 unč) kisle smetane
- ¾ skodelice naribanega cheddar sira

NAVODILA:
a) Pečico segrejte na 350 stopinj.
b) Špinačo skuhamo po navodilih na embalaži in odcedimo. Položite v namaščen 1 ½- do 2-litrski pekač.
c) Primešamo mešanico čebulne juhe in kislo smetano.
d) Po vrhu potresemo sir. Pečemo 20–25 minut ali dokler ne postanejo mehurčki.

43. Mehiška pica enolončnica

SESTAVINE:
- 1 tuba (13,8 unč) ohlajenega testa za pico
- 1 pločevinka (16 unč) ocvrtega fižola
- ¾ skodelice krhke salse
- 1 ovojnica začimb za taco
- 1 ½ skodelice naribanega mehiškega sira
- 1 vrečka (10 unč) narezane zelene solate
- 2 paradižnika Roma, narezana na kocke
- 1 ½ skodelice tortiljinega čipsa z nacho sirom

NAVODILA:
a) Pečico segrejte na 400 stopinj.
b) Pokrijte dno in delno navzgor stranice namaščenega 9x13-palčnega pekača s testom za pico. Pečemo 10–12 minut ali do svetlo zlato rjave barve.
c) V ponvi skupaj segrejte prepražen fižol in salso, dokler ne postanejo mehurčki. V mešanico prepraženega fižola vmešajte začimbe za taco. Prepražen fižol razporedimo po pečeni skorji.
d) Čez fižol potresemo sir in pečemo 5–8 minut ali dokler se sir ne stopi.
e) Po vrhu položite solato, paradižnik in zdrobljen tortiljin čips ter takoj postrezite.

44.Sladka čebulna enolončnica

SESTAVINE:
- 6 velikih sladkih čebul, narezanih na tanke rezine
- 6 žlic masla ali margarine, razdeljenih
- pločevinka (10,75 unč) kremne juhe zelene, kondenzirane
- ⅓ skodelice mleka
- ½ čajne žličke črnega popra
- 2 skodelici naribanega švicarskega sira, razdeljeno
- 6 rezin francoskega kruha, narezanih na 1 cm debelo

NAVODILA:
a) V veliki ponvi pražite čebulo na 4 žlicah masla 11–13 minut ali dokler se čebula ne zmehča.
b) V veliki skledi zmešajte juho, mleko, poper in 1 ½ skodelice sira.
c) Pečico segrejte na 350 stopinj. V jušno zmes stresemo čebulo. Mešanico razporedite v pomaščen pekač velikosti 9x13 palcev. Po vrhu potresemo preostali sir.
d) Stopite preostalo maslo in z njim premažite eno stran vsake rezine kruha. V pekač položite rezine kruha z masleno stranjo navzgor v tri vrste.
e) Pečemo 24–28 minut. Ohladite 5–7 minut pred serviranjem.

45.Vegi pastirska pita

SESTAVINE:
- 1 vrečka (16 unč) zamrznjene kalifornijske mešanice zelenjave
- 1 pločevinka (10,75 unč) juhe s čedarjem, kondenzirana
- ½ čajne žličke timijana
- 2 skodelici pire krompirja, začinjenega s česnom

NAVODILA:
a) Pečico segrejte na 350 stopinj.
b) V namaščenem 9x9-palčnem pekaču zmešajte zamrznjeno zelenjavo, juho in timijan. Krompir enakomerno razporedite po zelenjavni plasti. Pokrijte in pecite 25 minut.
c) Odkrijte in pecite še 15–20 minut ali dokler se ne segreje.

46.Enolončnica z zelenjavnim nadevom

SESTAVINE:
- 1 vrečka (16 unč) zamrznjenega stročjega fižola
- 1 vrečka (16 unč) zamrznjene mešane zelenjave
- 2 pločevinki (10,75 unč) kondenzirane kremne gobove juhe
- 1 pločevinka (6 unč) francosko ocvrte čebule
- 1 škatla (6 unč) začinjene mešanice za nadev
- 3 žlice masla ali margarine, stopljene
- ¼ skodelice vode

NAVODILA:
a) Pečico segrejte na 350 stopinj.
b) Zamrznjeno zelenjavo stresite na dno pomaščenega pekača velikosti 9 x 13 palcev.
c) V zelenjavo vmešamo juho.
d) Po vrhu enakomerno potresemo čebulo in mešanico nadeva.
e) Plast nadeva pokapljamo s stopljenim maslom in vodo.
f) Pokrijte in pecite 55–65 minut ali dokler se ne segreje.

47. Pečene bučke s sirom

SESTAVINE:
- 1 srednja bučka, narezana na tanke rezine
- 1 sladka čebula, narezana na tanke rezine
- 2 paradižnika Roma, narezana na tanke rezine
- 2 žlici stopljenega masla ali margarine
- ¾ skodelice krušnih drobtin z italijanskim okusom
- 1 skodelica naribanega sira mozzarella

NAVODILA:
a) Pečico segrejte na 350 stopinj.
b) V pomaščen 9x9-palčni pekač razporedite bučke, čebulo in paradižnik.
c) Zelenjavo pokapljamo z maslom. Po vrhu potresemo drobtine.
d) Pokrijte in pecite 45–50 minut ali dokler se zelenjava ne zmehča. Odstranite iz pečice, odkrijte in po vrhu potresite sir.
e) Pečemo še 5–7 minut ali dokler sir ne postane mehurček.

ENOLOČNICE IZ STROČNIC IN FIŽOLA

48. Zložena tortilja pita iz črnega fižola

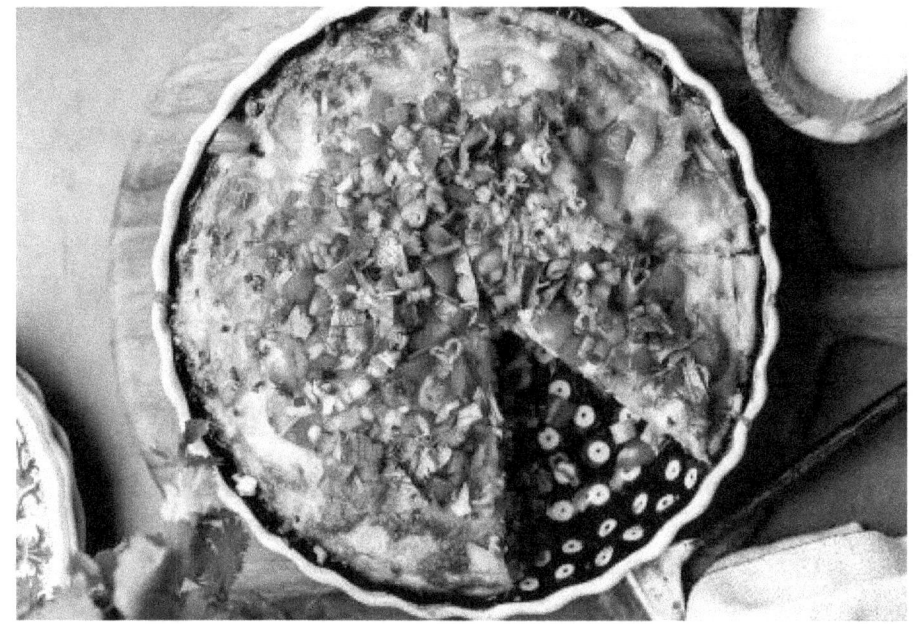

SESTAVINE:
- 1 pločevinka (16 unč) ocvrtega fižola
- 1 skodelica salse, razdeljena
- 1 čajna žlička mletega česna
- 1 žlica posušenega cilantra
- 1 pločevinka (15 unč) črnega fižola, opranega in odcejenega
- 1 srednje velik paradižnik, sesekljan
- 7 srednje velikih tortilj iz moke
- 2 skodelici naribanega čedar sira

NAVODILA:
a) Pečico segrejte na 400 stopinj.
b) V skledi zmešajte popražen fižol, ¾ skodelice salse in česen.
c) V ločeni skledi zmešajte preostalo salso, koriander, črni fižol in paradižnik.
d) Na dno pomaščenega pekača za pite položite tortiljo. Četrtino mešanice prepraženega fižola razporedite po tortilji znotraj ½ palca od roba.
e) Čez fižol potresemo ¼ skodelice sira in pokrijemo z drugo tortiljo. Tretjino mešanice črnega fižola nanesite na tortiljo.
f) Čez mešanico črnega fižola potresemo ¼ skodelice sira in pokrijemo z drugo tortiljo.
g) Ponovite plasti in končajte s končno plastjo mešanice ocvrtega fižola, razporejenega čez zadnjo tortiljo. Potresemo s ½ skodelice sira. Pokrijte in pecite 35–40 minut.
h) Posamezne kose pite postrezite s salso in kislo smetano.

49. enolončnica iz stročjega fižola

SESTAVINE:
- 2 pločevinki (14,5 unč vsaka) francosko narezanega stročjega fižola, odcejen
- 1 pločevinka (10,75 unč) kondenzirane kremne gobove juhe
- ⅔ skodelice mleka
- ⅓ skodelice prave slanine
- ¼ čajne žličke črnega popra
- 1 ¼ skodelice francosko ocvrte čebule, razdeljeno

NAVODILA:
a) Pečico segrejte na 350 stopinj.
b) Zmešajte vse sestavine razen čebule v pomaščen 1 ½- do 2-litrski pekač. Vmešajte ½ skodelice čebule. Pecite nepokrito 30 minut ali dokler ne nastanejo mehurčki.
c) Po vrhu potresemo preostalo čebulo in pečemo še 5 minut.

50. Indiana Ljubitelj koruze Enolončnica

SESTAVINE:
- 2 jajci, rahlo stepeni
- 1 pločevinka (14,75 unč) kremne koruze
- 12-unča pločevinke polnozrnate koruze, odcejene
- ¾ skodelice kisle smetane
- 3 žlice masla ali margarine, stopljene
- 1 ½ skodelice naribanega čedar sira
- 1 srednja čebula, sesekljana
- 4-unča pločevinke nasekljanega zelenega čilija, odcejenega
- 1 paket (6,5 unč) mešanice za koruzne mafine

NAVODILA:
a) Pečico segrejte na 350 stopinj.
b) V veliki skledi zmešajte jajca, koruzo, kislo smetano, maslo, sir, čebulo in čili. Nežno vmešajte mešanico za koruzne muffine, dokler ni navlažena. Zmes razporedite v pomaščen 2-litrski pekač.
c) Pečemo 60–70 minut ali dokler se vrh in sredina ne zapečeta zlato rjavo.

51. Hominy Enolončnica

SESTAVINE:
- 1 srednja čebula, sesekljana
- 1 velika zelena paprika, brez semen in narezana na kocke
- ½ skodelice masla ali margarine
- 15,5-unča pločevinke bele hominije, odcejene
- 15,5-unča pločevinke rumene hominije, odcejene
- 12-unča pločevinke polnozrnate koruze, odcejene
- 4-unča pločevinke narezanih gob, odcejenih
- ¼ skodelice naribanega parmezana
- 1 skodelica Cheez Whiz
- ¼ skodelice narezanega pimienta, odcejenega

NAVODILA:
a) Pečico segrejte na 350 stopinj.
b) V ponvi na maslu prepražimo čebulo in papriko, da se zmehčata. Preostale sestavine vmešajte v mešanico čebule. Razporedite v pomaščen pekač velikosti 8x8 palcev.
c) Pečemo 30–35 minut ali dokler ne postanejo mehurčki.

ENOLOČNICE Z RIŽEM IN REZANCI

52. Pudingova enolončnica z rezanci

SESTAVINE:

- 16 skodelic vode
- 7 ½ skodelic suhih širokih jajčnih rezancev
- 8 unč kremnega sira, zmehčanega
- 6 žlic. nesoljeno maslo, zmehčano
- 1 skodelica granuliranega sladkorja
- 3 jajca
- 1 skodelica polnomastnega mleka
- 1 skodelica mareličnega nektarja
- 1 skodelica koruznih kosmičev
- 6 žlic. stopljeno nesoljeno maslo
- ½ čajne žličke mletega cimeta

NAVODILA:

a) V veliki ponvi na srednjem ognju dodajte vodo. Ko voda zavre, vanjo vmešamo jajčne rezance. Kuhajte 6 minut ali dokler se rezanci ne zmehčajo. Ponev odstavimo z ognja in iz ponve odlijemo vso vodo.

b) V veliko skledo dodajte kremni sir, zmehčano maslo in ½ skodelice granuliranega sladkorja. Z mešalnikom na srednji hitrosti stepajte, dokler ne postane gladka in kremasta. Dodajte jajca v skledo. Mešajte, dokler se ne združi.

c) Dodajte mleko in marelični nektar. Mešajte le toliko časa, da se združi. Dodajte k rezancem in premešajte, dokler se rezanci ne prekrijejo s smetano.

d) Pečico segrejte na 350°. Pekač 9 x 13 popršite s pršilom za kuhanje proti prijemanju. V majhno skledo dodajte drobtine koruznih kosmičev, ½ skodelice granuliranega sladkorja, stopljeno maslo in cimet. Mešajte, dokler se ne združi. Rezance razporedimo po pekaču.

e) Po vrhu potresemo koruzne kosmiče.

f) Pecite 25 minut ali dokler se enolončnica ne postavi na sredino, vroča in mehurčkasta. Odstranite iz pečice in postrezite.

53.Cod Pasta Enolončnica

SESTAVINE:
- 14 skodelic vode
- 1 čajna žlička začimbe limonin poper
- 1 lovorjev list
- 2 funta filejev trske, narezanih na 1" kose
- 1 skodelica suhih majhnih testenin
- 1 rdeča paprika, sesekljana
- 1 zelena paprika, sesekljana
- 1 skodelica sesekljane čebule
- 1 žlica. nesoljeno maslo
- 3 žlice. večnamenska moka
- 2 ½ skodelice evaporiranega mleka
- ¾ čajne žličke soli
- ½ čajne žličke posušenega timijana
- ¼ čajne žličke črnega popra
- 1 skodelica naribane mešanice mehiškega sira

NAVODILA:
a) V veliko ponev na zmernem ognju dodajte 6 skodelic vode, začimbo limoninega popra in lovorov list. Zavremo in dodamo polenovko. Na ponev postavite pokrov. Dušite 5-6 minut ali dokler se riba ne razkosmi in postane mehka. Odstavite z ognja in iz ponve odcedite vso vodo. Odstranite lovorjev list in ga zavrzite.
b) V ponev na srednjem ognju dodajte 8 skodelic vode. Ko voda zavre, vanjo vmešamo testenine v lupinah. Kuhajte 6 minut oziroma dokler se testenine ne zmehčajo. Odstavite z ognja in odcedite vso vodo iz testenin.

c) V ponvi na srednjem ognju dodajte rdečo papriko, zeleno papriko,
d) čebulo in maslo. Pražite 5 minut ali dokler se zelenjava ne zmehča. V ponev dodajte večnamensko moko. Nenehno mešamo in kuhamo 1 minuto. Med stalnim mešanjem počasi dodajamo evaporirano mleko. Nadaljujte z mešanjem in kuhajte 2 minuti oziroma dokler se omaka ne zgosti.
e) V ponev dodajte sol, timijan, črni poper in mešanico mehiškega sira. Mešajte, dokler se ne združi in se sir stopi. Ponev odstavimo z ognja.
f) V omako dodajte testenine in ribe. Nežno mešajte, dokler se ne združi. Pečico segrejte na 350°. 2-litrski pekač poškropite s pršilom za kuhanje proti prijemanju. Enolončnico nadevamo v pekač. Posodo pokrijemo s pokrovom ali aluminijasto folijo.
g) Pečemo 25 minut oziroma dokler enolončnica ni vroča in mehurčkasta. Odstranite iz pečice in postrezite.

54. Turčija enolončnica z rezanci

SESTAVINE:
- 1 vrečka (12 unč) jajčnih rezancev
- 1 pločevinka (10,75 unč) kondenzirane kremne juhe zelene
- ½ skodelice mleka
- 1 pločevinka (5 unč) purana, odcejenega
- 2 skodelici naribanega čedar sira
- ½ skodelice zdrobljenega krompirjevega čipsa

NAVODILA:
a) Pečico segrejte na 400 stopinj.
b) Rezance skuhajte po navodilih na embalaži in jih odcedite. V vroče rezance vmešajte juho, mleko, purana in sir.
c) Zmes za rezance razporedite v pomaščen 2-litrski pekač.
d) Pečemo 15 minut. Po vrhu potresemo zdrobljen krompir in pečemo še 3–5 minut.

55. Enolončnica s testeninami z morskimi sadeži

SESTAVINE:
- ¼ skodelice olivnega olja
- 1 funt svežih špargljev, obrezanih in narezanih na 1" kose
- 1 skodelica sesekljane zelene čebule
- 1 žlica. mleti česen
- 16 unč na kg. lingvin rezanci, kuhani in odcejeni
- 1 funt srednje velike kozice, kuhane, olupljene in očiščene
- 8 unč rakovega mesa, kuhanega
- 8 unč imitacije ali svežega jastoga, kuhanega
- 8 unč pločevink črnih oliv, odcejenih

NAVODILA:
a) Pečico segrejte na 350°. 4-litrsko enolončnico popršite s pršilom za kuhanje proti prijemanju. V ponev na srednjem ognju dodajte olivno olje.

b) Ko se olje segreje, dodajte šparglje, zeleno čebulo in česen. Pražimo 5 minut.

c) Odstranite ponev z ognja in v enolončnico dodajte zelenjavo in oljčno olje.

d) V enolončnico dodajte rezance linguine, rakovice, jastoga in črne olive.

e) Mešajte, dokler se ne združi. Pečemo 30 minut oziroma dokler enolončnica ni vroča.

f) Odstranite iz pečice in postrezite.

56. Enolončnica z rižem in zelenim čilijem

SESTAVINE:
- 1 škatla (6 unč) instant mešanice dolgozrnatega in divjega riža
- 1 skodelica kisle smetane
- 4-unča pločevinke nasekljanega zelenega čilija, odcejenega
- 1 skodelica naribanega čedar sira
- 1 skodelica naribanega sira Monterey Jack

NAVODILA:
a) Pripravite riž po navodilih na embalaži.
b) Pečico segrejte na 350 stopinj.
c) V skledi zmešamo kislo smetano in zeleni čili. Polovico kuhanega riža razporedite po dnu namaščenega 8x8-palčnega pekača. Polovico mešanice kisle smetane z žlico nalijemo na riž. Po vrhu potresemo polovico vsakega sira.
d) Preostali riž z žlico naložimo na sir. Preostalo mešanico kisle smetane premažite po rižu, nato pa po vrhu potresite preostali sir.
e) Pecite nepokrito 15–20 minut ali dokler ne nastanejo mehurčki.

57. Enolončnica z ribami in sirom

SESTAVINE:
- 16 unč kodrastih testenin, kuhanih in odcejenih
- 1 kozarec (16 unč) ragu omake z dvojnim čedarjem
- 5 zamrznjenih mletih ribjih filejev

NAVODILA:
a) Pečico segrejte na 375 stopinj.
b) Skuhajte testenine po navodilih na embalaži in jih odcedite. Testenine položite v pomaščen pekač velikosti 9 x 13 palcev. Cheddar omako vmešamo v rezance. Na vrh položite ribe.
c) Pečemo, nepokrito, 30 minut.

58.Peka Rotini

SESTAVINE:
- 12 unč nekuhanih kodrastih rotinijev ali testenin v majhnih cevkah
- 1 funt mlete govedine
- 1 kozarec (26 unč) omake za špagete
- 2 jajci, rahlo stepeni
- 1 škatla (16 unč) skute
- 2 skodelici naribanega sira mozzarella, razdeljeno
- ½ skodelice naribanega parmezana

NAVODILA:
a) Pečico segrejte na 350 stopinj.
b) Rezance skuhajte po navodilih na embalaži in jih odcedite.
c) V ponvi zapečemo in odcedimo goveje meso, medtem ko se kuhajo rezanci. V govedino vmešajte omako za špagete.
d) V veliki skledi zmešajte jajca, skuto, 1 skodelico mocarele in parmezan. Kuhane testenine nežno vmešajte v sirno mešanico. Tretjino goveje mešanice razporedite po dnu pomaščenega pekača velikosti 9 x 13 palcev. Polovico mešanice testenin položite na govedino.
e) Čez rezance položite drugo tretjino goveje mešanice. Po vrhu položite preostale rezance, nato pa preostalo mešanico govejega mesa.
f) Pokrijte in pecite 40 minut. Odkrijte in po vrhu potresite preostali sir mocarela. Vrnite v pečico in pecite še 5–10 minut ali dokler se sir ne stopi.

59. Enolončnica s čedar šunko in rezanci

SESTAVINE:
- 1 vrečka (12 unč) jajčnih rezancev
- ¼ skodelice narezane zelene paprike
- ½ srednje čebule
- 1 žlica olivnega olja
- 1 pločevinka (10,75 unč) kondenzirane kremne gobove juhe
- ⅔ skodelice mleka
- 1 ½ skodelice na kocke narezane popolnoma kuhane šunke
- 2 skodelici naribanega čedar sira

NAVODILA:
a) Pečico segrejte na 400 stopinj.
b) Rezance skuhajte po navodilih na embalaži in jih odcedite.
c) V ponvi na oljčnem olju prepražimo papriko in čebulo, dokler čebula ne postekleni. V tople rezance vmešamo juho, mleko, šunko, zelenjavo in sir.
d) Zmes za rezance razporedite v pomaščen 2-litrski pekač.
e) Pečemo 15 minut ali dokler se ne segreje.

60. Italijanska pečenka iz makaronov

SESTAVINE:
- 8 unč nekuhanih komolcev makaronov
- 1 funt mlete govedine, porjavele in odcejene
- sol in poper, po okusu
- 1 kozarec (14 unč) omake za pico
- 4-unča pločevinke narezanih gob
- 2 skodelici naribanega mocarele

NAVODILA:
a) Pečico segrejte na 350 stopinj.
b) Skuhajte makarone po navodilih na embalaži in jih odcedite.
c) Kuhano govedino začinimo s soljo in poprom. Polovico makaronov položite na dno pomaščenega 2-litrskega pekača.
d) Zložite polovico govedine, omako za pico, gobe in sir. Po vrhu položite preostale makarone in ponovite plasti.
e) Pokrijte in pecite 20 minut.
f) Odkrijte in pecite še 5–10 minut ali dokler se sir ne stopi.

61.Pečeni ravioli Alfredo

SESTAVINE:
- 1 vrečka (25 unč) zamrznjenih italijanskih raviolov s klobasami
- 1 vrečka (16 unč) zamrznjenih cvetov brokolija
- 1 kozarec (16 unč) omake Alfredo
- ¾ skodelice mleka
- ¼ skodelice začinjenih drobtin

NAVODILA:
a) Pečico segrejte na 350 stopinj.
b) Zamrznjene raviole položite na dno pomaščenega pekača velikosti 9 x 13 palcev. Po raviolih razporedite brokoli. Brokoli prelijemo z omako Alfredo. Po vrhu enakomerno pokapajte mleko.
c) Pokrijte in pecite 50 minut. Odkrijemo in po vrhu potresemo drobtine.
d) Pecite nepokrito še 10 minut ali dokler se ne segreje.

SVINJSKE ENOLOČNICE

62. Špageti s klobasami

SESTAVINE:
- 1 funt klobase
- 1 srednja čebula, sesekljana
- 1 kozarec (26 unč) omake za špagete
- ½ skodelice vode
- 1 paket (16 unč) rezancev špagetov, kuhanih in odcejenih
- ¼ skodelice masla ali margarine, stopljene
- 3 jajca, pretepena
- ½ skodelice naribanega parmezana
- 2 skodelici naribanega sira mozzarella, razdeljeno
- 1 posoda (16 unč) skute

NAVODILA:
a) Pečico segrejte na 350 stopinj.
b) V ponvi skupaj prepražite klobaso in čebulo ter odcedite odvečno maščobo. V mešanico klobas vmešajte omako za špagete in vodo. Omako pustimo vreti na nizkem ognju 5 minut.
c) V skledi zmešajte kuhane špagete, maslo, jajca, parmezan in polovico mocarele. Mešanico za rezance razporedite v pomaščen pekač velikosti 9x13 palcev.
d) Po rezancih enakomerno porazdelimo skuto.
e) Po vrhu enakomerno razporedite mešanico omake za špagete. Po omaki potresemo preostali sir.
f) Pokrijte in pecite 25 minut.
g) Odkrijte in pecite še 10–15 minut.

63. Peka za pico s kanadsko slanino

SESTAVINE:
- 2 tubi (vsaka po 7,5 unč) ohlajenih piškotov iz pinjenca
- 1 kozarec (14 unč) omake za pico
- 1 skodelica naribanega italijanskega mešanega sira
- 15 do 20 rezin kanadske slanine
- 1 ½ skodelice naribanega sira mozzarella, razdeljeno

NAVODILA:
a) Pečico segrejte na 375 stopinj.
b) Piškote ločimo in vsakega narežemo na 4 kose. Postavite v veliko skledo in premešajte z omako za pico in italijanskim mešanim sirom. Mešanico za piškote položite v pomaščen pekač velikosti 9 x 13 palcev.
c) Po vrhu enakomerno položite rezine kanadske slanine.
d) Po vrhu potresemo sir mocarela.
e) Pečemo 20–25 minut oziroma dokler piškoti niso pečeni.

64.Lonec iz brokolija in šunke

SESTAVINE:
- 1 paket (10 unč) zamrznjenega sesekljanega brokolija, odmrznjenega
- 1 pločevinka (15 unč) polnozrnate koruze, odcejene
- 1 pločevinka (10,75 unč) kondenzirane kremne gobove juhe
- 2 skodelici sesekljane popolnoma kuhane šunke
- 1 ½ skodelice naribanega čedar sira
- ¾ skodelice kisle smetane
- ½ čajne žličke črnega popra
- 1 ohlajena skorja za pito

NAVODILA:
a) Pečico segrejte na 425 stopinj.
b) Brokoli razporedite po dnu rahlo pomaščenega in mikrovalovnega pekača za pito s premerom 10 centimetrov ali 1,5-litrske okrogle posode.
c) V skledi zmešamo koruzo, juho, šunko, sir, kislo smetano in poper. Mešanico z žlico prelijemo po brokoliju. Pokrijte s papirnato brisačo in segrevajte v mikrovalovni pečici 3–4 ½ minute ali dokler ni vroča.
d) Nezloženo skorjo za pito položite na mešanico šunke in zavihajte robove v pekač. Izrežite štiri 1-palčne reže v skorji, da omogočite uhajanje pare med peko. Pekač položite na pekač.
e) Pečemo 15 minut ali dokler skorja ne postane zlato rjava.

65. Chicago-Style Pizza Enolončnica

SESTAVINE:
- 2 tubi (13,8 unč vsaka) ohlajenega testa za pico
- 2 skodelici tradicionalne omake za špagete, razdeljeni
- 1 funt klobase, porjavele in odcejene
- ½ srednje sesekljane čebule
- 2 skodelici naribanega sira mozzarella, razdeljeno

NAVODILA:
a) Pečico segrejte na 375 stopinj.
b) Razporedite 1 skorjo po dnu in navzgor ob straneh rahlo namaščenega pekača velikosti 9x13 palcev. Razporedite 1-½ skodelice omake čez skorjo. Po omaki razporedimo kuhano klobaso in čebulo. Čez plast klobase potresemo 1-½ skodelice sira.
c) Po vrhu položite preostalo skorjo pice in stisnite testo iz spodnje in zgornje skorje skupaj. Izrežite 1-palčne reže v zgornji skorji. Po vrhu previdno razporedite preostalo omako in sir.
d) Pečemo 30 minut ali dokler skorja ni zlato rjava in pripravljena na sredini.

66. Podeželski brokoli, sir in šunka

SESTAVINE:
- 1 paket (10 unč) zamrznjenega brokolija
- 1 skodelica na kocke narezane popolnoma kuhane šunke
- 1 pločevinka (10,75 unč) juhe s čedarjem, kondenzirana
- ½ skodelice kisle smetane
- 2 skodelici drobtin
- 1 žlica masla ali margarine, stopljene

NAVODILA:
a) Pečico segrejte na 350 stopinj.
b) Skuhajte brokoli po navodilih na embalaži. V veliki skledi zmešajte vse sestavine razen drobtin in masla. Mešanico prenesite v pomaščen pekač velikosti 9x13 palcev. Zmešajte drobtine in maslo, nato pa potresite po mešanici. Pečemo 30–35 minut.

67. Svinjski kotleti s švicarskim sirom

SESTAVINE:
- 6 svinjskih kotletov
- 1 žlica masla ali margarine
- 12 svežih lovorovih listov
- 6 rezin šunke
- 2 žlici sesekljanega svežega žajblja
- 1 skodelica naribanega švicarskega sira

NAVODILA:
a) Pečico segrejte na 375 stopinj.
b) V ponvi zapečemo svinjske kotlete na maslu 2–3 minute na vsaki strani. Postavite na krožnik, obložen s papirnatimi brisačkami, da se odcedijo.
c) V pomaščen pekač velikosti 9 x 13 palcev položite svinjske kotlete, lovorjev list, šunko, žajbelj in sir.
d) Pokrijte in pecite 25 minut.

68.Hash Rjav Nebesa

SESTAVINE:
- 4 skodelice zmrznjenega naribanega hašiša, odmrznjenega
- 1 funt slanine, kuhane in zdrobljene
- ⅔ skodelice mleka
- ½ skodelice sesekljane čebule
- ½ čajne žličke soli
- ¼ čajne žličke črnega popra
- ⅛ čajne žličke česna v prahu (neobvezno)
- 2 žlici stopljenega masla ali margarine

NAVODILA:
a) Pečico segrejte na 350 stopinj.
b) Združite vse sestavine v veliki skledi.
c) Prenesite v pomaščen 8x8-palčni pekač.
d) Pečemo 45 minut.

69. Jambalaya

SESTAVINE:
- ½ skodelice masla ali margarine
- 1 velika čebula, sesekljana
- 1 velika zelena paprika, sesekljana
- ½ skodelice narezane zelene
- 1 žlica mletega česna
- 1 funt popolnoma kuhanih prekajenih klobas, narezanih na rezine
- 3 skodelice piščančje juhe
- 2 skodelici nekuhanega belega riža
- 1 skodelica sesekljanega paradižnika
- ½ skodelice sesekljane zelene čebule
- 1-½ žlice peteršilja
- 1 žlica Worcestershire omake
- 1 žlica omake Tabasco

NAVODILA:
a) Pečico segrejte na 375 stopinj.
b) V ponvi stopimo maslo. Na maslu prepražite čebulo, papriko, zeleno in česen, dokler niso mehki.
c) V veliki skledi zmešajte klobaso, juho, riž, paradižnik, zeleno čebulo, peteršilj, Worcestershire omako in Tabasco omako. V zmes za klobase vmešamo dušeno zelenjavo.
d) Razporedite v pomaščen pekač velikosti 9x13 palcev.
e) Pokrijte in pecite 20 minut. Premešamo, pokrijemo in pečemo še 20 minut.
f) Premešajte, pokrijte in pecite zadnjih 5–10 minut ali dokler riž ni pečen.

70.Pomarančni riž in svinjski kotleti

SESTAVINE:
- 6 svinjskih kotletov
- sol in poper, po okusu
- 1 ⅓ skodelice nekuhanega belega riža
- 1 skodelica pomarančnega soka
- 1 pločevinka (10,75 unč) piščančje in riževe juhe, kondenzirana

NAVODILA:
a) Pečico segrejte na 350 stopinj.
b) V ponvi pražite svinjske kotlete 2 minuti na vsaki strani in jih začinite s soljo in poprom. Dati na stran.
c) V namaščenem 9x13-palčnem pekaču zmešajte riž in pomarančni sok.
d) Na riž položite svinjske kotlete. Po vrhu prelijemo z juho. Pokrijte in pecite 45 minut.
e) Odkrijte in kuhajte še 10 minut ali dokler ni končano.

71.Pepperoni s klobasami

SESTAVINE:
- 1 funt klobase
- 1 srednja čebula, sesekljana
- 1 paket (3,5 unč) narezanega feferona
- 1 kozarec (14 unč) omake za pico
- 1 ¼ skodelice naribanega sira mozzarella
- 1 skodelica mešanice za biskvit
- 1 skodelica mleka
- 2 jajci, rahlo stepeni

NAVODILA:
a) Pečico segrejte na 400 stopinj.
b) V ponvi pražite klobaso in čebulo skupaj, dokler ni klobasa pripravljena. Odcedite odvečno maščobo in nato vmešajte feferoni. Mesno mešanico razporedite v pomaščen pekač velikosti 8 x 8 palcev. Meso enakomerno prelijemo z omako. Čez omako potresemo sir.
c) V ločeni skledi zmešamo mešanico za biskvit, mleko in jajca. Testo enakomerno prelijemo po mešanici mesa in omake.
d) Pečemo brez pokrova 25 minut ali dokler ne postanejo zlato rjave barve.

GOVEJE ONLOČNICE

72. Goveji lonček

SESTAVINE:
- 1 funt pustega govejega obara, kuhanega
- 1 paket (16 unč) zamrznjene mešane zelenjave, odmrznjene
- 1 kozarec (12 unč) gobove omake
- ½ čajne žličke timijana
- 1 tuba (8 unč) ohlajenih polmesečnih zvitkov

NAVODILA:
a) Pečico segrejte na 375 stopinj.
b) Zmešajte vse sestavine razen zvitkov v pomaščen pekač velikosti 9 x 13 palcev.
c) Pečemo 20 minut.
d) Odstranite iz pečice in na vrh položite sploščeno testo.
e) Vrnite se v pečico in pecite 17–19 minut ali dokler skorja ni zlato rjave barve.

73. Koruzni kruh na čiliju

SESTAVINE:
- 1 srednja čebula, sesekljana
- 1 žlica masla ali margarine
- 2 pločevinki (po 15 unč) čilija z mesom in fižolom
- 1 pločevinka (11 unč) mehiške koruze, odcejene
- 1 skodelica naribanega čedar sira
- 1 paket mešanice za koruzni kruh (velikost pekača 8 x 8 palcev)

NAVODILA:
a) Pečico segrejte na 425 stopinj.
b) V ponvi na maslu prepražimo čebulo, da se čebula zmehča. Primešamo čili in koruzo. Mešanico čilija razporedite v pomaščen pekač velikosti 9 x 13 palcev. Po vrhu potresemo sir.
c) V skledi zmešajte zmes za koruzni kruh v skladu z navodili na embalaži. Testo enakomerno prelijemo čez mešanico čilija.
d) Pecite 25 minut ali dokler koruzni kruh ni zlato rjav in postavljen na sredino.

74. Enchilada enolončnica

SESTAVINE:
- 1 funt mlete govedine, porjavele in odcejene
- 1 pločevinka (15 unč) čilija, katere koli sorte
- 1 pločevinka (8 unč) paradižnikove omake
- 1 pločevinka (10 unč) omake enchilada
- 1 vrečka (10 unč) koruznega čipsa Fritos, razdeljena
- 1 skodelica kisle smetane
- 1 skodelica naribanega čedar sira

NAVODILA:
a) Pečico segrejte na 350 stopinj.
b) V veliki skledi zmešajte kuhano govedino, čili, paradižnikovo omako in omako enchilada. Vmešajte dve tretjini čipsa. Zmes razporedite v pomaščen 2-litrski pekač.
c) Pecite nepokrito 24–28 minut ali dokler se ne segreje.
d) Po vrhu namažemo kislo smetano. Čez kislo smetano potresemo sir. Zdrobite preostale čipse in jih potresite po vrhu.
e) Pečemo še 5–8 minut oziroma dokler se sir ne stopi.

75. Enchilade s kremnim sirom

SESTAVINE:
- 1 funt mlete govedine, porjavele in odcejene
- ½ skodelice sesekljane čebule
- 2 pločevinki (vsaka po 8 unč) paradižnikove omake
- ¼ skodelice vode
- 1 ½ čajne žličke čilija v prahu
- ½ čajne žličke črnega popra
- 1 paket (8 unč) kremnega sira, zmehčanega
- 12 srednjih tortilj iz moke
- 2 skodelici naribanega čedar sira
- narezano solato
- kisla smetana

NAVODILA:
a) Pečico segrejte na 375 stopinj.
b) V veliki skledi zmešajte kuhano govedino, čebulo, paradižnikovo omako, vodo in začimbe. Tortilje namažite s kremnim sirom, zvijte in položite v pomaščen pekač velikosti 9 x 13 palcev. Tortilje prelijemo z mešanico govejega mesa.
c) Potresemo s čedar sirom. Pokrijte in pecite 25 minut.
d) Postrezite čez narezano solato in prelijte s kančkom kisle smetane.

76.Chilighetti

SESTAVINE:
- 1 funt mlete govedine, porjavele in odcejene
- 1 paket (8 unč) špagetov, kuhanih in odcejenih
- ½ skodelice sesekljane čebule
- 1 skodelica kisle smetane
- 2 pločevinki (vsaka po 8 unč) paradižnikove omake
- 4-unča pločevinke narezanih gob
- 2 pločevinki (po 16 unč) čilija, katere koli vrste
- 1 strok česna, mlet
- 2 skodelici naribanega čedar sira

NAVODILA:
a) Pečico segrejte na 350 stopinj.
b) V veliki skledi zmešajte vse sestavine razen sira.
c) Mešanico prenesite v pomaščen pekač velikosti 9x13 palcev. Po vrhu potresemo s sirom.
d) Pečemo 20 minut.

77. Takosi z globokim krožnikom

SESTAVINE:
- ½ skodelice kisle smetane
- ½ skodelice majoneze
- ½ skodelice naribanega cheddar sira
- ¼ skodelice sesekljane čebule
- 1 skodelica mešanice za biskvit
- ¼ skodelice hladne vode
- ½ funta mlete govedine, porjavele in odcejene
- 1 srednje velik paradižnik, narezan na tanke rezine
- ½ skodelice zelene paprike, sesekljane

NAVODILA:
a) Pečico segrejte na 375 stopinj.
b) V skledi zmešajte kislo smetano, majonezo, sir in čebulo. Dati na stran.
c) V ločeni skledi zmešajte zmes za biskvit in vodo, dokler ne nastane mehko testo.
d) Pritisnite testo na dno in navzgor ob straneh namaščenega 8x8-palčnega pekača.
e) Čez testo položite govedino, paradižnik in papriko. Po vrhu nalijte mešanico kisle smetane.
f) Pečemo 25–30 minut.

78. Kavbojska enolončnica

SESTAVINE:
- 1 funt mlete govedine
- 1 srednja čebula, sesekljana
- 2 papriki jalapeño, brez semen in narezani na kocke
- 2 paketa (vsak po 6,5 unč) mešanice za koruzni kruh
- ½ čajne žličke soli
- ½ čajne žličke sode bikarbone
- 1 pločevinka (14,75 unč) kremne koruze
- ¾ skodelice mleka
- 2 jajci, pretepeni
- 2 skodelici naribanega cheddar sira, razdeljeno

NAVODILA:
a) Pečico segrejte na 350 stopinj.
b) V ponvi zapecite goveje meso s čebulo in papriko, dokler goveje meso ni pečeno. Odcedite odvečno maščobo in jo postavite na stran.
c) V skledi zmešajte mešanico za koruzni kruh, sol, sodo bikarbono, koruzo, mleko in jajca. Polovico testa razporedite po dnu namaščenega pekača velikosti 9 x 13 palcev. Po testu potresemo polovico sira. Mesno mešanico enakomerno razporedite po vrhu.
d) Preostali sir potresemo po mesni mešanici in nato po vrhu razporedimo preostalo testo.
e) Pecite nepokrito 35 minut ali dokler koruzni kruh ni zlato rjav in nastavljen na sredino.

79. Neverjetna Cheeseburger pita

SESTAVINE:
- 1 funt mlete govedine, porjavele in odcejene
- 1 skodelica sesekljane čebule
- 1 skodelica naribanega čedar sira
- 1 skodelica mleka
- ½ skodelice mešanice za biskvit
- 2 jajci

NAVODILA:
a) Pečico segrejte na 325 stopinj.
b) V pomaščen pekač velikosti 9x9 palcev položite govedino, čebulo in sir.
c) V skledi zmešamo mleko, zmes za biskvit in jajca. Zmes za testo razporedite po siru.
d) Pecite 25–35 minut ali dokler nož, vstavljen v sredino, ne izstopi čist.

80. Mesna in krompirjeva enolončnica

SESTAVINE:
- 1 funt mlete govedine
- 2 srednji čebuli, sesekljani
- 1 ½ žličke italijanske začimbe
- 4 do 6 srednje velikih krompirjev, olupljenih in narezanih na tanke rezine
- sol in poper, po okusu
- 1 pločevinka (10,75 unč) kondenzirane kremne gobove juhe
- ⅓ skodelice vode

NAVODILA:
a) Pečico segrejte na 350 stopinj.
b) V ponvi zapecite goveje meso in čebulo skupaj, dokler goveje meso ni pripravljeno. V mešanico govejega mesa vmešajte italijanske začimbe. Tretjino krompirja položite na dno pomaščenega pekača velikosti 9 x 13 palcev.
c) Krompir potresemo s soljo in poprom.
d) Po vrhu razporedite polovico goveje mešanice. Ponovite plasti in končajte s plastjo krompirja. Združite juho in vodo. Po vrhu razporedite jušno mešanico.
e) Pokrijte in pecite 1 uro.

81. Enolončnica z mesnimi kroglicami

SESTAVINE:

- 1 pločevinka (10,75 unč) piščančje kremne juhe, kondenzirane
- 1 skodelica kisle smetane
- 1 skodelica naribanega čedar sira
- 1 velika čebula, sesekljana
- 1 čajna žlička soli
- 1 čajna žlička črnega popra
- 1 zavitek (30 unč) zamrznjenih naribanih hašišov, odmrznjenih
- 20 predkuhanih zamrznjenih mesnih kroglic

NAVODILA:

a) Pečico segrejte na 350 stopinj.
b) V skledi zmešamo juho, kislo smetano, sir, čebulo, sol in poper. S papirnato brisačo obrišite rjave barve in jih nato vmešajte v mešanico juhe.
c) Has rjavo mešanico razporedite v pomaščen pekač velikosti 9x13 palcev.
d) Mesne kroglice v enakomernih vrstah rahlo vtisnite v rjavo zmes. Pokrijte in pecite 35 minut.
e) Odkrijte in pecite še 10–15 minut ali dokler ni pečeno.

82. Peka na žaru s čebulnimi obročki

SESTAVINE:
- 1-½ funtov mlete govedine
- 1 srednja čebula, sesekljana
- 1 kozarec (18 unč) hikorijeve omake za žar
- 1 vrečka (16 unč) zamrznjenih čebulnih obročkov

NAVODILA:
a) Pečico segrejte na 425 stopinj.
b) V ponvi zapecite goveje meso in čebulo skupaj, dokler goveje meso ni pripravljeno. Odcedite odvečno maščobo. V govedino in čebulo vmešajte omako za žar.
c) Mešanico govejega mesa razporedite v pomaščen pekač velikosti 9 x 13 palcev.
d) Po vrhu enakomerno položite čebulne obročke.
e) Pečemo 20–25 minut ali dokler čebulni obročki niso hrustljavi.

83. Sloppy Joe Pie Enolončnica

SESTAVINE:
- 1 funt mlete govedine
- 1 srednja čebula, sesekljana
- 1 pločevinka (15 unč) zdrobljenega paradižnika s tekočino
- 1 ovojnica začimbe Sloppy Joe
- 1 tuba (8 unč) ohlajenega testa za zvitke

NAVODILA:
a) Pečico segrejte na 375 stopinj.
b) V ponvi zapecite goveje meso in čebulo skupaj, dokler goveje meso ni pripravljeno.
c) Zdrobljen paradižnik in začimbe vmešamo v govedino in čebulo.
d) Na srednje nizkem ognju dušimo 5 minut, občasno premešamo.
e) Mešanico govejega mesa položite v pomaščen, globok 9-palčni pekač za pite ali okrogel pekač.
f) Po vrhu položite posamezno sploščene polmesece, tako da postavite tanko konico na sredino, spodnji rob trikotnika testa v obliki polmeseca pa raztegnite na zunanjo stran pekača.
g) Po potrebi prekrivajte testo.
h) Pečemo 15 minut ali dokler skorja ni zlato rjave barve.

84. Jugozahodna enolončnica

SESTAVINE:
- 1 funt mlete govedine, porjavele in odcejene
- 2 pločevinki (vsaka po 8 unč) paradižnikove omake
- 1 pločevinka (12–15 unč) polnozrnate koruze, odcejene
- 1 ovojnica začimb za taco
- 10 srednjih gordita tortilj iz moke
- 1 pločevinka (10,75 unč) kondenzirane kremne juhe zelene
- ¾ skodelice mleka
- 1-½ skodelice naribanega cheddarja ali mehiškega sira

NAVODILA:
a) Pečico segrejte na 350 stopinj.
b) V skledi zmešajte kuhano govedino, paradižnikovo omako, koruzo in začimbo za taco. Uporabite 6 tortilj, da pokrijete dno in stranice namaščenega pekača velikosti 9x13 palcev.
c) Zmes govejega mesa razporedite po tortiljah. Uporabite preostale tortilje za prekrivanje mešanice govejega mesa in jih po potrebi razrežite.
d) Zmešamo juho in mleko ter prelijemo po tortiljah. Po vrhu potresemo sir.
e) Pečemo 20–25 minut ali dokler robovi ne postanejo zlato rjavi.

85.Tater Tot enolončnica

SESTAVINE:
- 1 funt mlete govedine
- 1 srednja čebula, sesekljana
- 2 pločevinki (vsaka po 10,75 unč) gobove smetane, kondenzirane
- 1 pločevinka (14,5 unč) polnozrnate koruze, odcejene
- 1 skodelica naribanega čedar sira
- 1 paket (27–32 unč) zamrznjenih tater tots

NAVODILA:
a) Pečico segrejte na 350 stopinj.
b) V ponvi zapecite goveje meso in čebulo skupaj, dokler goveje meso ni pripravljeno. Odcedite odvečno maščobo.
c) Mešanico govejega mesa položite na dno namaščene 9x13-palčne ponve.
d) Žlica 1 pločevinke juhe na vrhu. Po jušni plasti potresemo koruzo in sir.
e) Pokrij s tater tots.
f) Preostalo pločevinko juhe razporedite po tater tots. Pečemo 40 minut.

ENOLOČNICE IZ RIB IN MORSKIH SADEŽEV

86.Tuna–Tater Tot enolončnica

SESTAVINE:
- 1 paket (32 unč) zamrznjenih tater tots
- 1 pločevinka (6 unč) tune, odcejene
- 1 pločevinka (10,75 unč) piščančje kremne juhe, kondenzirane
- ½ skodelice mleka
- 1 ½ skodelice naribanega čedar sira

NAVODILA:
a) Pečico segrejte na 350 stopinj.
b) Tater tots položite v namaščen 2-litrski pekač.
c) Zmešajte tuno, juho in mleko.
d) Prelijemo po taterjih in nato potresemo s sirom. Pokrijte in pecite 1 uro.

87.Tradicionalna enolončnica s tuno

SESTAVINE:
- 1 vrečka (12 unč) jajčnih rezancev
- 1 pločevinka (10,75 unč) kondenzirane kremne gobove juhe
- ½ skodelice mleka
- 1 pločevinka (6 unč) tune, odcejene
- 2 skodelici naribanega čedar sira
- ½ skodelice zdrobljenega krompirjevega čipsa iz čedarja in kisle smetane

NAVODILA:
a) Pečico segrejte na 400 stopinj.
b) Rezance skuhajte po navodilih na embalaži in jih odcedite. Zmešajte juho, mleko, tunino in sir v rezance.
c) Zmes za rezance razporedite v pomaščen 2-litrski pekač.
d) Pečemo 15 minut. Na vrh potresemo zdrobljen čips in pečemo še 3–5 minut.

88. Lososova enolončnica z gorčico

SESTAVINE:
- 2 stepena jajca
- ⅔ skodelice polnomastnega mleka
- ½ skodelice kisle smetane
- ¾ skodelice suhih drobtin
- 1 čajna žlička začimb za morske sadeže
- ½ čajne žličke začimbe limonin poper
- ¼ čajne žličke posušenega kopra
- 3 skodelice kuhanega lososa v kosmičih
- 3 žlice. sesekljane zelene
- 2 žlici. sesekljano čebulo
- 4 ½ čajne žličke limoninega soka
- 1 ⅓ skodelice majoneze
- 1 žlica. pripravljena gorčica (uporabite svojo najljubšo)
- 1 beljak
- 2 žlici. mletega svežega peteršilja

NAVODILA:
a) V veliko skledo dodajte jajca, mleko in kislo smetano. Mešajte, dokler se ne združi. Dodamo drobtine, začimbe za morske sadeže, limonino papriko in koper. Mešajte, dokler se ne združi. Dodajte lososa, zeleno, čebulo in limonin sok. Mešajte, dokler se ne združi.
b) Pekač 11 x 7 poškropite s pršilom za kuhanje proti prijemanju. Enolončnico nadevamo v pekač. Pečico segrejte na 350°. Pečemo 25 minut ali dokler nož, vstavljen v sredino enolončnice, ne pride ven čist.

c) Medtem ko se enolončnica kuha, v majhno skledo dodajte majonezo in gorčico. Mešajte, dokler se ne združi. V manjšo skledo dodajte beljak. Razžvrkljajte jajce
d) belo, dokler ne nastanejo trdi vrhovi. Nežno vmešajte mešanico majoneze. Razporedite po enolončnici. Pečemo 10-13 minut ali dokler se preliv ne napihne in rahlo porjavi. Odstranite iz pečice in po vrhu potresite peteršilj.

89. Lososova večerja

SESTAVINE:
- ⅓ skodelice sesekljane zelene paprike
- 3 žlice. sesekljano čebulo
- 2 žlici. rastlinsko olje
- ¼ skodelice večnamenske moke
- ½ čajne žličke soli
- 1 ½ skodelice polnomastnega mleka
- 10,75 unč lahko kremna juha zelene
- 6 unč na kg. roza losos brez kosti in kože
- 1 skodelica zamrznjenega zelenega graha
- 2 čajni žlički limoninega soka
- 8 ct. lahko ohlajene polmesečne zvitke

NAVODILA:

a) V veliki ponvi na srednjem ognju dodajte zeleno papriko, čebulo in rastlinsko olje. Pražimo 5 minut. V ponev dodajte večnamensko moko in sol. Nenehno mešamo in kuhamo 1 minuto. Med stalnim mešanjem počasi dodajamo mleko.

b) Nadaljujte z mešanjem in kuhajte 2-3 minute ali dokler se omaka ne zgosti in začne nastajati mehurčki. Odstranite ponev z ognja.

c) V ponev dodajte kremno juho iz zelene, lososa, zelenega graha in limoninega soka. Mešajte, dokler se ne združi in z žlico razporedite v pekač 11 x 7. Pečico segrejte na 375°.

d) Odstranite polmesečno testo iz pločevinke. Testa ne odvijajte. Testo narežemo na 8 rezin in položimo na vrh enolončnice.

e) Pečemo 12-15 minut oziroma dokler polmesečna skorja ni zlato rjava in enolončnica vroča. Odstranite iz pečice in postrezite.

90. Bayou morska enolončnica

SESTAVINE:
- 8 unč kremnega sira, narezanega na kocke
- 4 žlice. nesoljeno maslo
- 1 ½ skodelice sesekljane čebule
- 2 rebri zelene, sesekljani
- 1 velika zelena paprika, sesekljana
- 1 funt kuhane srednje velike kozice, olupljene in brez rezin
- 2 pločevinki odcejenega in v kosmičih rakovega mesa, velikost 6 unč
- 10,75 unč lahko kremna gobova juha
- ¾ skodelice kuhanega riža
- 4 unče kozarec narezanih gob, odcejenih
- 1 čajna žlička česnove soli
- ¾ čajne žličke omake Tabasco
- ½ čajne žličke kajenskega popra
- ¾ skodelice naribanega cheddar sira
- ½ skodelice zdrobljenih krekerjev Ritz

NAVODILA:
a) Pečico segrejte na 350°. 2-litrski pekač poškropite s pršilom za kuhanje proti prijemanju. V majhni ponvi na majhnem ognju dodajte kremni sir in 2 žlici masla.
b) Nenehno mešamo in kuhamo toliko časa, da se kremni sir in maslo stopita. Ponev odstavimo z ognja.
c) V veliki ponvi na zmernem ognju dodajte čebulo, zeleno, zeleno papriko in 2 žlici masla. Pražite 6 minut ali dokler se zelenjava ne zmehča.
d) Dodajte kozice, rakovice, kremno gobovo juho, riž, gobe, česnovo sol, omako Tabasco, kajenski poper in mešanico kremnega sira. Mešajte, dokler se ne združi. Ponev odstavimo z ognja in vlijemo v pekač.
e) Po vrhu enolončnice potresemo cheddar sir in krekerje Ritz.
f) Pečemo 25 minut oziroma dokler enolončnica ni vroča in mehurčkasta. Odstranite iz pečice in postrezite.

91. Kremna enolončnica z morskimi sadeži

SESTAVINE:
- 1 funt filetov iverke, narezanih na 1" kose
- 1 funt surove srednje velike kozice, olupljene in očiščene
- 10,75 unč lahko kremna juha iz kozic
- ¼ skodelice polnomastnega mleka
- 1 skodelica zdrobljenih krekerjev Ritz
- ¼ skodelice naribanega parmezana
- 1 čajna žlička paprike
- 2 žlici. stopljeno nesoljeno maslo

NAVODILA:
a) Pečico segrejte na 350°. Pekač 11 x 7 poškropite s pršilom za kuhanje proti prijemanju. V pekač položimo koščke iverke in kozice.
b) V posodo za mešanje dodajte kremno juho iz kozic in mleko. Mešajte, dokler se ne združi in razporedite po vrhu rib in kozic.
c) V majhno skledo dodajte krekerje Ritz, parmezan, papriko in maslo. Mešajte, dokler se ne združi in potresite po vrhu enolončnice.
d) Pečemo 25 minut oziroma toliko časa, da se riba zlahka razkosmi z vilicami in kozica postane rožnata.
e) Odstranite iz pečice in postrezite.

92. enolončnica s morsko ploščo

SESTAVINE:
- 5 žlic. nesoljeno maslo
- ¼ skodelice večnamenske moke
- ½ čajne žličke soli
- ⅛ čajne žličke belega popra
- 1 ½ skodelice polnomastnega mleka
- 1 skodelica sesekljane zelene paprike
- 1 skodelica sesekljane čebule
- 2 skodelici kuhane morske plošče, narezane na kocke
- 3 trdo kuhana jajca, sesekljana
- 2 unč kozarec rdečega pimenta, odcejenega
- ⅓ skodelice naribanega sira čedar

NAVODILA:
a) V veliki ponvi na srednjem ognju dodajte 4 žlice masla. Ko se maslo stopi, dodamo večnamensko moko, sol in beli poper.
b) Nenehno mešamo in kuhamo 1 minuto. Med stalnim mešanjem počasi dodajamo mleko. Nadaljujte z mešanjem in kuhajte približno 2 minuti ali dokler se omaka ne zgosti. Ponev odstavimo z ognja in na ponev postavimo pokrov.
c) Pečico segrejte na 375°. Poškropite 1 ½ litra enolončnico s pršilom za kuhanje proti prijemanju. V majhno ponev na srednjem ognju dodajte 1 žlico masla. Ko se maslo stopi, dodajte zeleno papriko in čebulo.
d) Pražite 5 minut ali dokler se zelenjava ne zmehča. Odstavite z ognja in dodajte omaki.
e) V omako dodamo morsko ploščo, kuhana jajca in rdeče pimente. Mešajte, dokler se ne združi, in nalijte v posodo za enolončnico.
f) Po vrhu enolončnice potresemo čedar sir.
g) Pečemo 15-20 minut ali dokler enolončnica ni vroča in mehurčkasta.
h) Odstranite iz pečice in postrezite.

93. Pečen morski list in špinačna enolončnica

SESTAVINE:
- 16 skodelic vode
- 8 unč na kg. jajčni rezanci
- 3 žlice. nesoljeno maslo
- 3 žlice. večnamenska moka
- 3 skodelice polnomastnega mleka
- 1 ½ skodelice naribanega cheddar sira
- 1 žlica. limonin sok
- 1 čajna žlička soli
- 1 čajna žlička mlete gorčice
- 1 čajna žlička Worcestershire omake
- ⅛ čajne žličke mletega muškatnega oreščka
- ⅛ čajne žličke črnega popra
- 2 pakiranja. odmrznjena in ožeta suha zamrznjena špinača, velikost 10 unč
- 1 ½ funta filetov morskega lista
- ¼ skodelice opečenih narezanih mandljev

NAVODILA:
a) V veliki ponvi na srednjem ognju dodajte vodo. Ko voda zavre, vanjo vmešamo jajčne rezance. Kuhajte 6 minut ali dokler se rezanci ne zmehčajo. Ponev odstavimo z ognja in odlijemo vso vodo iz rezancev.
b) V veliki ponvi na srednjem ognju dodajte maslo. Ko se maslo stopi, vmešamo večnamensko moko. Nenehno mešamo in kuhamo 1 minuto.
c) Med stalnim mešanjem počasi dodajamo mleko.
d) Nadaljujte z mešanjem in kuhajte 2 minuti ali dokler se omaka ne zgosti in začne mehurčiti.
e) V ponev dodajte 1 skodelico cheddar sira, limonin sok, sol, mleto gorčico, Worcestershire omako, muškatni oreščke in črni poper. Mešajte, dokler se ne združi in se sir stopi.
f) V omako dodamo rezance. Mešajte, dokler se ne združi. Odstranite polovico omake in jo položite v skledo.
g) Pečico segrejte na 375°. Pekač 9 x 13 popršite s pršilom za kuhanje proti prijemanju. V pekač z žlico nalijte preostalo omako. Čez omako v pekaču položimo špinačo. Po vrhu položimo fileje morskega lista.
h) Po vrhu razporedite prihranjeno sirovo omako. Po omaki potresemo mandlje.
i) Pečemo 30 minut oziroma dokler enolončnica ne postane mehurčkasta in se podplat zlahka razkosmi z vilicami. Odstranite iz pečice in postrezite.

94. Enolončnica iz koruze in ribjih palčk

SESTAVINE:
- ¼ skodelice sesekljane čebule
- ¼ skodelice sesekljane zelene paprike
- ¼ skodelice nesoljenega masla, narezanega na kocke
- ¼ skodelice večnamenske moke
- 1 ½ čajne žličke soli
- ¼ čajne žličke črnega popra
- 2 žlički granuliranega sladkorja
- 2 pločevinki dušenih paradižnikov, velikosti 14 unč
- 2 pakiranja. odmrznjena koruza s celim zrnjem, velikost 10 unč
- 24 unč na kg. zamrznjene ribje palčke

NAVODILA:
a) Pečico segrejte na 350°. Dva pekača 11 x 7 poškropite s pršilom za kuhanje proti prijemanju. V veliki ponvi na srednjem ognju dodajte čebulo, zeleno papriko in maslo. Pražimo 4 minute.

b) V ponev dodajte večnamensko moko, sol, črni poper in granulirani sladkor. Nenehno mešamo in kuhamo 1 minuto. V ponev dodajte paradižnik s sokom. Neprestano mešajte in kuhajte 2-3 minute oziroma toliko časa, da se omaka zgosti in začne brbotati. Ponev odstavimo z ognja in dodamo koruzo. Mešajte, dokler se ne združi. Žlico nadevamo v pekače.

c) Po vrhu enolončnice položite ribje palčke. Posode pokrijemo z aluminijasto folijo. Pečemo 25 minut. Odstranite aluminijasto folijo. Pecite 15 minut ali dokler ribje palčke niso zlato rjave in enolončnica vroča in mehurčkasta.

d) Odstranite iz pečice in postrezite.

95. Ostrigova enolončnica

SESTAVINE:
- 1 liter oluščenih ostrig
- 2 skodelici sesekljane čebule
- 1 ½ skodelice sesekljane zelene
- ¾ skodelice nesoljenega masla
- ½ skodelice večnamenske moke
- 2 skodelici pol in pol smetane
- 2 žlički mletega svežega peteršilja
- 1 čajna žlička soli
- ½ čajne žličke posušenega timijana
- ¼ čajne žličke črnega popra
- ⅛ čajne žličke kajenskega popra
- 4 stepene rumenjake
- 2 skodelici zdrobljenih krekerjev Ritz

NAVODILA:

a) Ostrige odcedite, pijačo iz ostrig pa shranite v majhni skledi. V veliki ponvi na srednjem ognju dodajte čebulo, zeleno in ½ skodelice masla. Pražite 6 minut ali dokler se zelenjava ne zmehča.

b) V ponev dodajte večnamensko moko. Nenehno mešamo in kuhamo 1 minuto. Med nenehnim mešanjem počasi dodajamo pol in pol smetane. Nadaljujte z mešanjem in kuhajte približno 2 minuti ali dokler se omaka ne zgosti in začne mehurčiti.

c) Ogenj zmanjšajte na nizko. Dodajte peteršilj, sol, timijan, črni poper, kajenski poper in rezervirano ostrigino tekočino. Nenehno mešamo in kuhamo 2 minuti. V manjšo skledo dodamo stepene rumenjake. Jajcem dodajte 1 žlico omake. Mešajte, dokler se ne združi. K rumenjakom dodamo še eno žlico omake.

d) Mešajte, dokler se ne združi. Dodajte rumenjake v ponev in mešajte, dokler se ne povežejo. Ponev odstavimo z ognja.

e) Pekač 9 x 13 popršite s pršilom za kuhanje proti prijemanju. Pečico segrejte na 400°. Polovico omake razporedimo po pekaču.

f) Polovico ostrig razporedimo po omaki. Po vrhu potresemo polovico krekerjev Ritz. Ponovite korake nanosa plasti še 1-krat.

g) V posodo za mikrovalovno pečico dodajte ¼ skodelice masla. Postavite v mikrovalovno pečico 30 sekund ali dokler se maslo ne stopi. Odstranite iz mikrovalovne pečice in potresite maslo po vrhu drobtin krekerja. Pečemo 25 minut ali dokler enolončnica ne postane mehurčkasta in zlato rjava.

h) Odstranite iz pečice in pustite enolončnico počivati 10 minut, preden jo postrežete.

96.Kreolska enolončnica s kozicami

SESTAVINE:
- 2 žlici. olivno olje
- 1 ½ skodelice sesekljane zelene paprike
- 1 skodelica sesekljane čebule
- ⅔ skodelice sesekljane zelene
- 2 stroka česna, nasekljana
- 1 skodelica suhega dolgozrnatega riža
- 14 unč lahko na kocke narezanega paradižnika
- 2 čajni žlički omake Tabasco
- 1 čajna žlička posušenega origana
- ¾ čajne žličke soli
- ½ čajne žličke posušenega timijana
- Črni poper po okusu
- 1 funt srednje sveže kozice, olupljene in brez rezin
- 1 žlica. svež mleti peteršilj

NAVODILA:
a) Pečico segrejte na 325°. V veliki ponvi na srednje močnem ognju dodajte olivno olje. Ko se olje segreje, dodajte zeleno papriko, čebulo, zeleno in česen. Pražimo 5 minut. Dodajte riž v ponev. Pražimo 5 minut.

b) Paradižnike odcedimo, tekočino pa prihranimo. Paradižnikovi tekočini dodajte vodo do 1 ¾ skodelice. V ponev dodajte paradižnik, paradižnikovo tekočino, omako Tabasco, origano, sol, timijan in črni poper po okusu.

c) Mešajte, dokler se ne združi in kuhajte 2 minuti. Ponev odstavimo z ognja in vanjo stresemo kozico.

d) Z žlico zložite enolončnico v 2 ½ litra velik pekač. Posodo pokrijemo z aluminijasto folijo. Pečemo 50-55 minut oziroma dokler se riž ne zmehča.

e) Posodo vzamemo iz pečice in po vrhu potresemo peteršilj.

97. Gratinirana enolončnica z morskimi sadeži

SESTAVINE:
- 8 unč kuhanih srednjih kozic, olupljenih in brez rezin
- 8 unč kuhanega rakovega mesa
- 8 unč kuhanega morskega lista, sesekljanega
- 8 unč kuhanega jastoga, sesekljanega
- 2 žlici. nesoljeno maslo
- 2 žlici. večnamenska moka
- ½ skodelice polnomastnega mleka
- ¼ skodelice naribanega parmezana
- ½ skodelice Coca cole
- 2 žlici. panko drobtine

NAVODILA:
a) Pečico segrejte na 325°. 2-litrski pekač poškropite s pršilom za kuhanje proti prijemanju. V pekač dodamo kozice, rakce, morski list in jastoga. V ponev na srednjem ognju dodajte maslo.

b) Ko se maslo stopi, dodamo večnamensko moko. Nenehno mešamo in kuhamo 1 minuto.

c) Med stalnim mešanjem počasi dodajamo mleko in parmezan. Neprestano mešajte in kuhajte 3 minute oziroma dokler se omaka ne zgosti in začne nastajati mehurčki.

d) Ponev odstavimo z ognja in vanjo vmešamo Coca Colo. Omako premažemo po morskih sadežih v pekaču. Po vrhu potresemo drobtine.

e) Pečemo 20 minut oziroma dokler enolončnica ni vroča in mehurčkasta. Odstranite iz pečice in ohladite 5 minut, preden postrežete.

SLADKE ENOLOČNICE

98. Enolončnica iz krhkega peciva z jagodami

SESTAVINE:
- 3 ½ skodelice težke smetane
- 16 unč smetane mascarpone, pri sobni temperaturi ½ skodelice plus 2 žlici. sladkor v prahu
- 2 čajni žlički vanilijevega ekstrakta
- ¼ čajne žličke soli
- 90 krhkih piškotov
- 2 funta svežih jagod, oluščenih in narezanih
- 1 banana, olupljena in narezana

NAVODILA:
a) V posodo za mešanje dodajte smetano, maskarponejevo kremo, sladkor v prahu, vanilijev ekstrakt in sol. Z mešalnikom na srednji hitrosti stepajte, dokler skoraj ne dobite trdih vrhov. Krema mora biti čvrsta, vendar še vedno mazljiva.
b) Na dno pekača 9 x 13 namažemo tanko plast kreme. Čez kremo položimo plast krhkih piškotov. Čez piškote namažemo ¼ preostale kreme. Čez kremo položimo ⅓ jagod. Čez jagode položimo drugo plast piškotov.
c) Čez piškote premažemo še eno plast kreme. Čez kremo položimo še ⅓ jagod. Čez jagode položimo drugo plast piškotov. Ponovite korake nanosa plasti še 1-krat.
d) Po vrhu položite rezine banane. Preostalo kremo premažemo po enolončnici. Pekač pokrijemo s plastično folijo. Hladite vsaj 6 ur pred serviranjem.

99. Bananina enolončnica za palačinke s čokoladnimi koščki

SESTAVINE:
- 4 jajca
- 1 skodelica težke smetane
- ¼ skodelice javorjevega sirupa
- 1 čajna žlička vanilijevega ekstrakta
- 40 zamrznjenih miniaturnih palačink, odmrznjenih
- 2 banani, olupljeni in na tanko narezani
- ¾ skodelice miniaturnih čokoladnih koščkov
- Sladkor v prahu po okusu

NAVODILA:
a) Okrogel pekač premera 9" poškropite s pršilom proti prijemanju. V posodo za mešanje dodajte jajca, smetano, javorjev sirup in ekstrakt vanilije. Mešajte, dokler se ne združi. Polovico palačink položimo v tortni pekač.
b) Čez palačinke položite polovico rezin banane. Po palačinkah potrosimo polovico čokoladnih koščkov. Po vrhu prelijemo polovico jajčne mešanice. Še enkrat ponovite korake plastenja.
c) Pekač pokrijemo z aluminijasto folijo. Hladimo 2 uri. Odstranite iz hladilnika in pustite enolončnico 30 minut pri sobni temperaturi. Pečico segrejte na 350°. Pečemo 30 minut. Odstranite aluminijasto folijo iz pekača.
d) Pečemo 5-10 minut oziroma dokler se enolončnica ne strdi in palačinke vroče.
e) Vzamemo iz pečice in po okusu potresemo s sladkorjem v prahu.

100.Smoresova enolončnica

SESTAVINE:
- 2 lista zamrznjenega listnatega testa, odmrznjena
- 1 funt kremnega sira, zmehčanega
- 1 skodelica granuliranega sladkorja
- 7 unč kozarec marshmallow kreme
- 9 graham krekerjev
- 6 žlic. stopljeno nesoljeno maslo
- 1 skodelica polsladkih čokoladnih koščkov
- 2 skodelici miniaturnih marshmallows

NAVODILA:
a) Pečico segrejte na 375°. Pekač 9 x 13 rahlo poškropite s pršilom za kuhanje proti prijemanju. Razvaljajte 1 list listnatega testa, ki je dovolj velik, da se prilega dnu pekača. Listnato testo položimo na dno pekača. Listnato testo povsod prebodemo z vilicami.

b) Pečemo 4 minute. Odstranite iz pečice in pred polnjenjem popolnoma ohladite.

c) V skledo za mešanje dodajte kremni sir in ¾ skodelice granuliranega sladkorja. Z mešalnikom na srednji hitrosti stepajte, dokler ni gladka in združena. V skledo dodajte marshmallow kremo. Mešajte, dokler se ne poveže in razporedite po listnatem testu v pekaču.

d) Graham krekerje v majhni skledi zdrobite v drobtine. V skledo dodajte 2 žlici granuliranega sladkorja in 3 žlice masla. Mešajte, dokler se ne združi in potresite po vrhu kremnega nadeva.

e) Po vrhu potresemo čokoladne koščke in miniaturne marshmallowe. Drugi list listnatega testa razvaljamo toliko, da pokrije vrh.

f) Pecivo povsod prebodemo z vilicami in položimo na vrh pekača. Listnato testo po vrhu namažite s 3 žlicami masla. Po vrhu potresemo preostali kristalni sladkor.

g) Pečemo 12-15 minut oziroma dokler listnato testo ni napihnjeno in zlato rjavo.

h) Odstranite iz pečice in ohladite 5 minut, preden postrežete.

ZAKLJUČEK

Ko zaključujemo naše popotovanje po " Kuharska Knjiga Za Hitro Rešitev Enoločnikov ", upamo, da ste odkrili veselje in udobje priprave okusne tolažilne hrane z lahkoto. Enolončnice na poseben način združujejo ljudi, ne glede na to, ali gre za večerjo z družino ali ob kosilu s prijatelji. Ko boste še naprej raziskovali svet kuhanja enolončnic, naj vas vsak recept, ki ga preizkusite, približa preprostim užitkom domačih jedi in cenjenim spominom.

Ko obračate zadnje strani te kuharske knjige in se v vaši kuhinji zadržujejo vonji pečenih dobrot, vedite, da se potovanje tu ne konča. Eksperimentirajte z novimi sestavinami, prilagodite recepte svojim željam in sprejmite veselje ob delitvi okusnih obrokov s tistimi, ki jih imate radi. In ko boste potrebovali hiter in tolažilen obrok, bo tukaj " Kuharska Knjiga Za Hitro Rešitev Enoločnikov ", pripravljena, da vas vodi na vaših kulinaričnih dogodivščinah.

Hvala, ker ste se nam pridružili na tem okusnem popotovanju po svetu enolončnic. Naj bo vaša kuhinja napolnjena s prijetnimi vonjavami pečenih dobrot, vaša miza s smehom najdražjih in vaše srce s toplino domačih jedi. Do ponovnega srečanja, veselo kuhanje in dober tek!

www.ingramcontent.com/pod-product-compliance
Lightning Source LLC
Chambersburg PA
CBHW050021130526
44590CB00042B/1462